职业教育国际商务专业教学用书

U0880284

外贸单证实务（第3版）

吴穗珊　主编

電子工業出版社
Publishing House of Electronics Industry
北京·BEIJING

内 容 简 介

本书以培养学生的单证职业能力和实践能力为核心，以职业岗位工作过程的典型工作任务为引领，围绕外贸单证流转主线，采用项目任务驱动的方法，系统地介绍了履行进出口合同过程中的主要单证，包括合同、信用证、发票、装箱单、原产地证明书、托运单、报检单、报关单、保险单、海运提单、汇票等单据的使用与缮制。

本书可作为职业院校国际商务、商务英语等商贸类专业的教学用书，也可作为广大外贸从业人员和自学者的参考书。

本书还配有电子教学参考资料包（包括电子教案、教学指南及习题答案），详见前言。

图书在版编目（CIP）数据

外贸单证实务 / 吴穗珊主编. —3 版. —北京：电子工业出版社，2020.11
ISBN 978-7-121-39948-0

Ⅰ. ①外… Ⅱ. ①吴… Ⅲ. ①进出口贸易－原始凭证－中等专业学校－教材 Ⅳ. ①F740.44

中国版本图书馆 CIP 数据核字（2020）第 224795 号

责任编辑：徐 玲 文字编辑：王凌燕
印 刷：三河市鑫金马印装有限公司
装 订：三河市鑫金马印装有限公司
出版发行：电子工业出版社
北京市海淀区万寿路 173 信箱 邮编 100036
开 本：787×1 092 1/16 印张：17.75 字数：454.4 千字
版 次：2011 年 11 月第 1 版
2020 年 11 月第 3 版
印 次：2024 年 12 月第 9 次印刷
定 价：49.00 元

凡所购买电子工业出版社图书有缺损问题，请向购买书店调换。若书店售缺，请与本社发行部联系，联系及邮购电话：（010）88254888，88258888。

质量投诉请发邮件至 zlts@phei.com.cn，盗版侵权举报请发邮件至 dbqq@phei.com.cn。

本书咨询联系方式：xuling@phei.com.cn。

前　言

随着我国外贸发展质量不断提升，竞争力不断加强，对一线应用型外贸人才的需求趋旺，单证操作技能是每个外经贸从业人员必备的基本功。为了在本教材中及时反映课改的新理念，满足大、中专院校商贸类专业广大师生和外贸行业工作者的需求，本着“理论知识够用为度”“加强实操环节、注重学生职业能力的培养”的指导思想，我们决定对《外贸单证实务》（第2版）进行修订。本教材具有以下特点。

1．理论知识求精

各项目的理论阐述力求简明准确、条理清晰，避免重复学生已学过的《进出口贸易实务》课程的相关内容，要求学生加深对专业基础知识的理解，并在实际业务中加以熟练应用。

2．突出实践教学

本教材主要以真实的工作任务为载体来设置具体内容，充分体现工学结合的特点，即通过两笔完整交易程序的操作，将学生引入技能学习之中，以强化学生对出口程序及单据制作的掌握，全面提高学生的实操能力和应用能力。

3．注重启发式教学

在编写过程中，我们注重教法在教材中的应用与体现。每个项目开始时明确目标，给出职业情境和任务要求，引导学生快速进入学习情景中实施任务。在过程中，通过动脑筋、资料卡、角色扮演、操作示范、牛刀小试、技能比武等形式，强化启发式和体验式教学，帮助学生理解并掌握实操技能。

4．图文并茂，生动直观

本教材借助生动的卡通图示和图片，使学习内容更直观，从而激发学生的兴趣。书中采用大量实际业务中的单证样单，学习素材丰富、真实，使教学与实践紧密联系。全书文字简洁、精练、图表化，与学生的认知能力相适应。

本课程的教学时间安排建议如下。

项　目	内　容	理论学时	实训学时	小　计
导论	外贸单证业务入门	4		4
项目一	解读合同与信用证	4	6	10
项目二	备货及制作有关单证	4	6	10
项目三	托运及制作有关单证	2	2	4
项目四	报检、报关及填制有关单证	3	3	6
项目五	投保及审核保险单	3	3	6
项目六	装运及制作有关单证	4	4	8
项目七	交单结汇及制作有关单证	3	3	6
项目八	全真实战演练		12	12
	机动		6	6
合计		27	45	72

本教材由吴穗珊担任主编，负责提纲的拟订、统稿、修订等工作。各项目参编人员分工如下：吴穗珊编写导论、项目一、项目二，黎耀坚编写项目三，林翰园编写项目四，丘莉萍编写项目五，梁秋敏编写项目六，许爱丹编写项目七，黄珊编写项目八。

编者在编写过程中参考了大量的资料，特别是现行外贸单证相关教材，还引用了很多外贸公司的实际单证，在此一并表示感谢！由于编者水平有限，时间仓促，书中不足之处在所难免，恳请同行及读者批评指正。

为了方便教师教学，本教材还配有电子教案、教学指南及习题答案，请有此需要的教师登录华信教育资源网（www.hxedu.com.cn）免费注册后再进行下载，在有问题时请在网站留言板留言或与电子工业出版社联系（E-mail:hxedu@phei.com.cn）。

编　者

目　录

导 论

外贸单证业务入门

项目引领

通过外贸单证业务入门知识的学习，大家可以在认识外贸单证的含义、分类及其流转的基础上，理解单证工作的重要性，明确单证工作的基本要求。

项目目标

技能目标：

能够根据外贸单证的制单要求，提高自身的职业素质。

知识目标：

1. 了解外贸单证的分类及其流转程序。
2. 理解外贸单证的含义、外贸单证工作的特点和作用。

职业情境

下面是一笔中国的华南运动用品进出口有限公司和美国 ATLANTIC TRADING COMPANY 就女式运动用品交易的贸易实务案例。

一、建立业务联系

华南运动用品进出口有限公司（简称华南公司）在 2018 年 10 月的广交会上获悉美国 ATLANTIC TRADING COMPANY（简称 A.T.CO.）对本公司的运动用品很感兴趣。

二、进行交易磋商

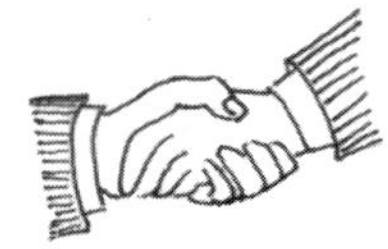

华南公司随即与A.T.CO.就运动用品的各项交易用电子邮件进行磋商，华南公司在收到客商询盘后进行了价格核算，并向客商发盘，经过一番讨价还价，双方终于达成交易。

三、签订合同

双方于 2019 年 1 月 12 日就 10 000 双女式跑步鞋和 5 000 件女式外套的买卖签订了一份以 CIF 术语、信用证方式支付货款的销售合同。

四、履行合同（外贸单证环节）

华南公司（出口方）业务操作流程	合同履行中单证的操作流转
落实信用证	催证、审核、修改信用证
⇩	
备货	缮制商业发票、装箱单等单证
⇩	
办理出口报检（可代理报检）	填制报检单，取得检验证书
⇩	

办理托运手续	缮制出口托运单，取得装货单
⇩	
办理出口报关（可代理报关）	填制报关单，取得放行凭证
⇩	
办理投保业务	填制投保单，审核保险单
⇩	
装船出运	审核提单，发出装运通知等
⇩	
交单结汇	缮制汇票，审核全套单证

A.T.CO.（进口方）业务操作流程	合同履行中单证的操作流转

申请开立信用证	填写开证申请书
⇩	
审单、付款赎单	审核到货单证

五、业务善后

在华南公司收到货款后，业务员致函 A.T.CO.表示感谢。

动脑筋　根据案例，你能谈一谈外贸单证在进出口业务中扮演怎样的角色吗？

知识准备

从情境导入的案例中，我们了解到，外贸单证在进出口业务中扮演着十分重要的角色。国际贸易买卖双方由于地处不同的国家或地区，货物的交易不能简单地直接交换，而必须以一套能代替货物交易的具有法律效力的单据文件来实现货物与货款的交换。这些在进出口业务中使用的单据、文件和证书就是外贸单证。外贸单证是进出口贸易交易的核心，是贸易双方能顺利进行交易不可缺少的凭证，单证工作质量的好坏直接影响进出口业务的成败。

一、外贸单证的含义

外贸单证（Documents）是指在进出口业务中使用的各种单据、文件和证书，买卖双方凭借这些单证来处理国际货物的交付、运输、保险、检验检疫、报关、结汇等。狭义的单证主要指单据和信用证，广义的单证则指各类文件和凭证。

动脑筋　以小组为单位，说出你们所知道的单证有哪些，用途分别是什么？

二、外贸单证的种类

外贸单证可根据不同的分类标准分为不同类别。

（1）按贸易双方涉及的单证分类：出口单证和进口单证，如表0-1所示。

表0-1　按贸易双方涉及的单证分类

出口单证的种类		进口单证的种类	
1. 合同	5. 保险单	1. 合同	4. 保险单
2. 出口许可证	6. 产地证和检验检疫证	2. 信用证	5. 进口报关单等
3. 发票、包装单据	7. 出口报关单	3. 进口许可证	
4. 出口货运单据	8. 汇票等		

（2）按单证的性质分类：金融单证和商业单证，如表0-2所示。

表0-2　按单证的性质分类

金融单证的种类	商业单证的种类
1. 汇票 2. 本票 3. 支票等	1. 发票 2. 运输单据 3. 货权凭证等非金融单证

（3）按单证的用途分类：资金单证、商业单证、货运单证、保险单证、官方单证和附属单证，如表0-3所示。

表0-3　按单证的用途分类

资金单证的种类	商业单证的种类	货运单证的种类	保险单证的种类	官方单证的种类	附属单证的种类
1. 汇票 2. 支票 3. 本票等	1. 商业发票 2. 形式发票 3. 装箱单 4. 重量单等	1. 托运单 2. 海运提单 3. 不可转让海运单 4. 空运单 5. 多式联运单等	1. 投保单 2. 保险单 3. 保险证明 4. 预保单等	1. 海关发票 2. 原产地证明书 3. 检验检疫证 4. 进出口货物报关单 5. 出口收汇核销单	1. 受益人证明 2. 装运通知 3. 船舱证明 4. 寄单证明

角色扮演

陈小宁是广州市某中职学校商务英语专业的应届毕业生。这天，她来到华南运动用品进出口有限公司应聘单证员职位。经理在陈小宁自我介绍后向她提出第一个问题："请问你知道单证工作对于我们公司业务的重要性吗？"如果你是陈小宁，你会怎样回答？

三、外贸单证工作的作用

资料卡

单证员的工作

单证员的工作贯穿进出口合同履行的全过程，包括根据销售合同和信用证条款从事审核、制作各种贸易结算单据和证书，提交银行办理议付手续或委托银行进行收款等工作。

单证作为一种贸易文件，它的流转环节构成了贸易程序。单证工作主要包括审证、制单、审单、交单和归档等一系列业务活动，它贯穿进出口合同履行的全过程，除了外贸企业内部各部门之间的协作配合外，还必须与银行、交通运输部门、保险公司、检验检疫机构、海关及有关的行政管理机关发生多方面的联系，因此具有工作量大、涉及面广、时效性强和要求高等特点。

1. 单证是国际结算的基本工具

国际贸易是国与国之间的商品买卖，但在实际业务中主要表现为单证的买卖。例如，在信用证结算方式下，卖方向客户收取货款的凭证不是实际货物，而是与来证要求完全相符的一整套单证。卖方交单意味着交付了货物，而买方付款赎单，则代表买到商品，如图 0-1 所示。如果单证与信用证有细小差别，开证行可以不负承付责任，意味着卖方不能收到货款。在托收或汇付方式中，单证同样起着不可忽视的作用。因此，在进出口业务中准确缮制各种单证是安全及时收汇的保证。

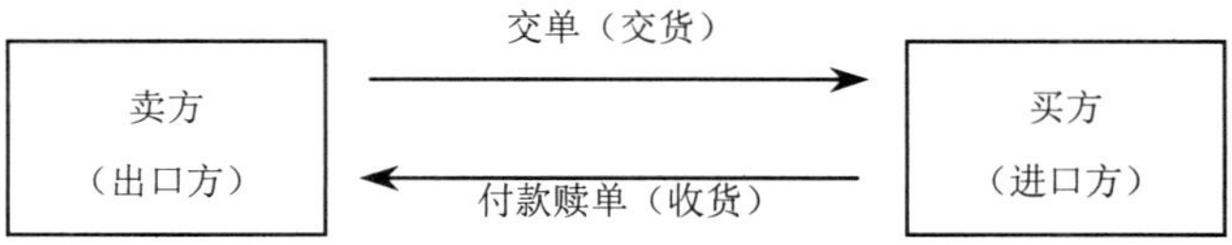

图 0-1　国际货物买卖单证化

2. 单证是企业经营管理的重要环节

单证工作服务于国际贸易的全过程，具体包括贸易合同的内容、信用证条款、货源衔接、商品品质、交货数量及运输安排等业务管理上的问题。也就是说，单证是企业经营管理中的一个重要环节。加强单证管理工作，提高单证质量，不仅可以有效地制止差错事故的发生，弥补经营管理上的缺陷，还可以节约各种费用，加速对外交易，在无形之中为国家创收大量外汇。

动脑筋　有这样一个说法："单证就是外汇"，你是怎么理解这句话的？

3. 单证工作是政策性很强的涉外工作

外贸单证作为一种涉外商务文件，必然体现国家的对外政策，因此，单证处理要严格按照国家有关外贸的各项法规和制度办理。例如，出口许可证关系到国家对出口商品的管理，甚至还牵涉到两国之间的贸易协定。

外贸单证又是重要的涉外法律性文件，必须受到有关国际公约、国际惯例及贸易国家的国内法的制约。例如，国际商会第 600 号出版物《跟单信用证统一惯例》（简称《UCP600》）目前已经成为世界各地银行和进出口企业处理信用证项下单证的共同准则，如果我们不能正确理解和掌握使用，就会造成工作上的失误，影响外汇资金的结算，甚至蒙受重大的经济损失。

4. 单证工作是企业业务和素质的体现

单证不仅是商务文件，也是企业的对外宣传资料。优美、整洁、清晰的单证能展现企业高品位的业务质量，为企业塑造良好的形象，有利于业务的开展。相反，印制粗劣，行距、字距排列杂乱，甚至语句、语法错讹，则必给企业带来负面的影响。

角色扮演

公司的经理向陈小宁提出第二个问题："请问你觉得自己为什么能胜任这个职位？"如果你是陈小宁，你会怎样回答？

四、外贸单证工作的基本要求

（一）单证制作的五个基本要求

1. 正确

正确是所有单证工作的前提。首先，必须做到单证相符、单单相符。例如，在信用证支付方式下，银行处理的是单证，只要提交的单证相符，银行就必须付款；而只要单证不符，或者仅一字之差，银行都有权拒付。在托收、汇付支付方式下，单证不正确，买方都有拒付货款或延付货款的权利。

其次，各种单证应符合国际贸易惯例、各国/行业法律和规则的要求。目前，各国银行开来的信用证绝大多数都在证内注明按照《UCP600》解释。银行在审单时，除信用证另有特殊规定外，都是以《UCP600》作为审单的依据的。因此，在缮制单证时，应注意不要与《UCP600》的规定有抵触，否则就会被银行当成出单不符而退还或拒付。此外，在缮制单证时，还应注意进口国对单证或进口货物有无特殊规定，否则就有可能遭到进口国当局的拒绝。

最后，单证还应与所代表的货物无出入，做到单同相符、单货相符，以保证合同的顺利履行。

动脑筋　某企业与外商签订的出口合同中货物的单位是BG，而寄来的信用证中货物的单位是PC，该企业的单证员在审证时没有发现，请问当该企业交单议付时，能收到货款吗？

2. 完整

从某种意义上讲，完整主要是指一笔业务所涉及全部单证的完整性，可从以下几个方面理解：第一，种类完整；第二，份数上完整；第三，所填内容完整。凭单证买卖的合同或信用证都会明确要求出口方需提交哪些单证、提交几份、有无正副本要求、是否需要背书及应在单证上标明的内容，所有这些都必须得到满足。

3. 及时

（1）及时出单。各种单证的出单日期必须合理、可行，也就是说，每一种单证的出单日期必须符合信用证规定的“三期”（即最迟装运期、交单期和有效期）要求和实务操作顺序，如图 0-2 所示。

例如，发票日期要确定在开证日之后、交货期之前；装箱单应等于或迟于发票日期，但必须在提单日之前；产地证日期不早于发票日期，不迟于提单日；商检证日期不迟于提单日，但也不能过早于提单日，尤其是鲜货、容易变质的商品；保险单的签发日应早于或等于提单日（一般早于提单日 2 天）；提单日不能超过信用证规定的装运期；装船通知日期应等于或迟于提单日后 3 天内等。

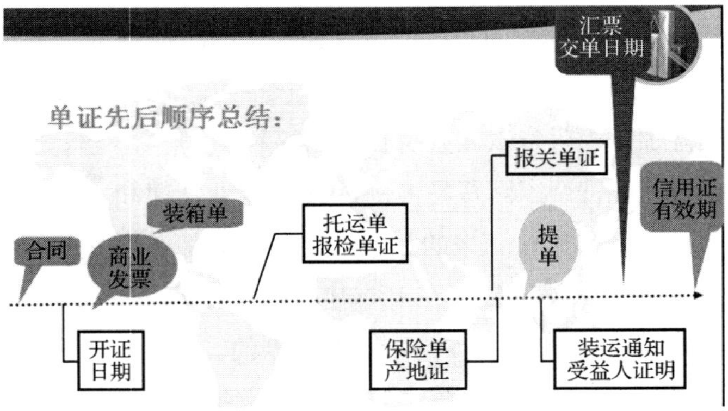

图 0-2　实务中常见的单证先后顺序

（2）及时交单。向银行交单议付不能超过信用证规定的交单期。《UCP600》规定，信用证必须规定一个交单的截止日；受益人或其代表必须在不迟于本惯例所指的发运日之后的 21 个日历日内交单，但是在任何情况下都不得迟于信用证的截止日。

请根据出单日期的逻辑顺序对下列单据进行排序。

第 1 组：商业发票、提单、装箱单、保险单、装运通知书。

第 2 组：最迟装运期、交单期、信用证有效期。

4. 简明

简明是指所制作的单证应该简单、明了。单证的内容应力求简化，避免不必要的烦琐。这样既可以减少工作量，提高工作效率，还有利于提高单证的质量，减少单证的差错。

5. 整洁

整洁是指单证表面应清楚、干净、美观、大方，单证的格式设计合理，内容排列主次分明，重点内容醒目突出，不应出现涂抹现象，应尽量避免或减少加签修改。

（二）外贸单证岗位群的基本要求

外贸单证操作技能是每个从事外贸业务工作者必备的基本功，大中专毕业生进入外贸、外资企业从事外贸工作，一般都从单证操作员做起。由于单证工作质量的高低直接影响企业的经营效益，因此，企业在招聘和选拔外贸单证人才时，会从以下几个方面来考虑。

（1）专业知识：具有扎实的国际贸易专业知识、娴熟的单证操作能力、较强的英语应用能力。

（2）职业能力：具备计算机应用能力，独立制作、协调和管理各种单证的能力，基本的业务核算能力。

（3）职业素养：具有认真、严谨的工作作风和诚信、务实的职业道德。

角色扮演

公司的经理向陈小宁提出第三个问题："请你谈谈一笔出口贸易的单证操作流程吧！"如果你是陈小宁，你会怎样回答？

五、外贸单证的流转程序

买卖双方签订合同后，就进入了合同的履行阶段。如果以 CIF 条件成交、信用证方式支付，合同的履行主要经过以下一些环节：落实信用证、备货、报检、租船订舱、报关、投保、制单、审单、结汇等。在此过程中，单证的操作流转大体分为如下几个阶段，如图 0-3 所示。

图 0-3　履行合同的业务操作流程及单证的操作流转

1. 买方开立信用证

买方应按照合同规定，填写开证申请书向开证行申请开立信用证，请开证行按期将信用证开往卖方，以便其及时备货和制单。

2. 卖方组织货源

卖方落实信用证后，应根据出口合同和信用证的规定，按时、按质、按量准备好应交货物。备妥货物后，制作商业发票、装箱单等商业单证，为之后办理报检、托运手续做准备。

3. 出口报检

卖方应根据国家的有关规定或依照合同、信用证的规定，及时填制出境货物报检单向商检机构办理报检手续。货物经检验合格，商检机构出具商检合格证书，海关才准放行。

4. 托运

在 CIF 和 CFR 术语的合同中，由卖方负责租船订舱。卖方应在合同和信用证规定的装运期前及时填制托运单或订舱委托书，并向船公司或委托货代办理出口货物的运输手续，取得装货单后到海关办理出口报关手续。

5. 出口报关

卖方在取得船公司签发的装货单后，就可以填制出口货物报关单，向海关办理货物的出口报关手续。报关时应按海关规定同时提交商业发票、各类许可证、出口收汇核销单、装货单等单证，单证和货物经海关审核查验通过后予以放行。

6. 投保

在 CIF 术语的合同中，由卖方负责办理保险。卖方一般在装运前以投保人的身份向保险公司投保货物运输险，取得以其自身为保险受益人的保险单证。

7. 装运

海关放行后，卖方可以通知船公司将出口货物装船，取得船公司签发的提单。此时，卖方必须将装运情况及时通知买方，以便其做好接货、付款等准备工作。在 CFR 和 FOB 术语的合同中，同时还便于买方及时办理保险手续。

8. 交单结汇

出口货物装船后，卖方应立即填制好汇票，集齐信用证规定的全套单证，并经审核达到“单证一致、单单一致”后，在信用证规定期限内送交银行办理收汇。

9. 出口收汇核销与退税

卖方应在国家规定的时间内持经海关签章的出口收汇核销单、结汇水单、出口报关单（出口退税专用联）到外汇管理局办理核销。

核销完毕后，卖方凭出口报关单（出口退税专用联）、出口收汇已核销证明（出口收汇核销单退税专用联）、增值税发票等向国税局申请退税。

10. 买方审单及付款

在信用证项下，卖方将信用证规定的汇票及全套单证提交开证行，银行审核无误后即对外付款。银行在对外付款的同时，通知买方向开证行付款赎单。在托收项下，托收行和代收行不负审单责任，由买方审单无误后对外承兑及付款。

11. 进口报验、报关及索赔

货物抵达后，买方应抓紧时间做好货物的数量和质量的检验工作，若发现有不符的，应及时对外索赔。凡属法定检验的进口商品，必须在规定的时间内向检验机构进行报检。另外，买方应在海关规定的时间内向进口地海关申报进口，货物经海关查验无误后放行。

12. 进口付汇核销

待进口货物到货，办完海关完结手续后，买方应在30天内到外汇管理局办理进口付汇核销手续。

角色扮演

陈小宁在面试时表现出积极的态度，同时具备扎实的进出口贸易专业知识及较强的单证操作能力，因此，经理决定聘请陈小宁担任单证员一职。如果你将来也想应聘单证员岗位，应从哪些方面开始做好准备？

技能比武

一、单选题

1．外贸单证工作要求单证的缮制必须符合以下要求，其中，（　　）是前提。

A．准确　　B．完整　　C．及时　　D．简明和整洁

2．国际货物买卖中，根据制单的“完整性”原则，下列表述不正确的是（　　）。

A．单据的种类要完整　　B．单据的份数要完整

C．单据的内容要完整　　D．单据的结构要完整

3．在信用证方式下，单据应在信用证有效期和交单期内向银行提交。若信用证未规定交单期的，按《跟单信用证统一惯例》（《UCP600》）的规定，该交单期应为（　　）内，并在信用证的有效期内。

A．商业发票日期后1个月　　B．货物报关后21天

C．运输单据日期后21天　　D．汇票日期后1个月

4．国际贸易单证的制作，按一般商业习惯，商业发票和装箱单是在（　　）开立的。

A．货物备妥前　　B．货物备妥装箱后

C．货物装船后　　D．到银行交单时

5．外贸单证制作的基本要求中所说的“准确”不包括（　　）。

A．单单相符

B．单证相符

C．符合国际统一格式

D．符合有关国际惯例和进口国有关法令法规

6．外贸单证是在国际贸易合同履行的不同环节中产生而缮制的，单证制作的（　　）影响货物搬运工作的顺利进展和各个相关部门的有效衔接。

A．及时性　　B．简洁性　　C．整洁性　　D．电子化

7．在信用证业务中，有关当事方处理的是（　　）。

A．服务　　B．货物　　C．单据　　D．其他行为

8．采用信用证支付方式，卖方向买方收取货款的凭据是（　　）。

A．已装运的实际货物

B．寄单银行要求开证银行付款的书面通知

C．与买卖合同内容一致的全套单据

D．与信用证条款完全相符的全套单据

9．在信用证支付方式下，象征性交货意指卖方的交货义务是（　　）。

A．不交货　　B．仅交单　　C．凭单交货　　D．实际性交货

10．根据联合国设计推荐使用的用英文字母表示的货币代码，如下表示不正确的是（　　）。

A．CNY89.00 B．GBP89.00 C．RMB89.00 D．USD89.00

二、多选题

1．外贸单证按性质可以划分为（ ）两类。

A．出口单证 B．进口单证 C．单金融单据 D．商业单据

2．单证工作具有（ ）的特点。

A．工作量大 B．涉及面广 C．要求高 D．时间性强

3．根据《UCP600》的规定，银行审核单据的标准是（ ）。

A．单据与贸易合同相符 B．单据与信用证相符

C．单据与单据相符 D．单据与货物相符

4．企业审核单据的标准是（ ）。

A．单据与贸易合同相符 B．单据与信用证相符

C．单据与单据相符 D．单据与货物相符

5．采用信用证支付方式，每一种单据的出单日期必须符合信用证规定的“三期”，具体是指（ ）。

A．有效期 B．开证日期 C．交单期 D．最迟装运期

三、判断题

1．单证的完整性是指全套单证的群体的完整性。（ ）

2．提单日期一般应早于保险单。（ ）

3．国际贸易惯例已得到各国公认，因此它对于买卖双方都具有普遍的法律约束力。（ ）

4．制单是单证工作的基础，是按照信用证、合同和其他的要求，根据货物实际情况缮制有关单据。（ ）

5．按单证的用途划分，可将单据分为商业单据和银行单据。（ ）

四、实操题

根据所给资料制作标准唛头

资料：我国某贸易公司向日本宝诚贸易公司出口某产品500箱，已知收货人代号为JQL；目的地为OSAKA JAPAN；参考号为01-368-98。

资料卡

外贸单证的发展趋势

1. 单证标准化

国际贸易发展到今天，为了跨越语言的障碍、规范商业行为、减少国际贸易纠纷、提高国际贸易的规范化水平，国际性组织对国际贸易及单证制定了相关的标准。典型的如信用证、提单、保险单、产地证等都是相同或相似的，许多单证有统一的填写规范。例如，报关单的47个项目都有具体的操作规则。通过标准化，建立最佳行业秩序；通过标准化，提高制单的准确性，降低外贸单证的错误率，提高行业整体结汇水平，减少坏账损失；通过标准化，推动单证电子化。

2. 推广使用国际标准化代号和代码

为了实现单证的简化和规范化、减少国际间的争执，国际商会和联合国等有关国际贸易的国际性组织就出口单证的国际化和标准化做了大量的工作。联合国设计推荐使用下列国际标准化代号和代码。

（1）简化运输标志：包括收货人简称、参考号（合同号）、目的地和件号，如L.M.L.I/3A568/OSAKA/NO.1-500 （或分四行写）。

（2）国家与地区代码：由两个英文字母组成，如中国表示为CN、美国表示为US、英国表示为GB、日本表示为JP。

（3）货币代号：由三个英文字母组成，前两个字母代表国别，后一个字母代表货币，如CNY为人民币、USD为美元、GBP为英镑。

（4）日期代码：年、月、日之间加横线，用八位数表示，如2019年2月8日为2019-02-08。

（5）地名代码：由五个英文字母组成，前两个字母代表国别，后三个字母代表地名，如中国上海表示为CNSHG、美国纽约表示为USNYC。

3. 单证电子化

外贸手工制单是一项专业性强而又相当烦琐的工作，稍有不慎出现填写错误就可能给企业带来巨大的损失。因此，当前出口企业普遍采用计算机进行国际商务制单。制单软件根据外贸企业的规模和电子化应用程度的不同而不同，一般可以分为模版式制单和外贸ERP系统自动制单。

模版式制单软件是一套集合了众多不同单证、不同版本的外贸制单软件，用户在单证模版上输入数据制作单证，所填即所得。

外贸ERP（Enterprise Resource Planning，企业资源规划）系统是当今国内外贸易企业使用的业务运作计算机信息管理系统，国际贸易制单成为该系统的一个组成部分。在该系统中，单证工作的各种资料变成计算机程序，数据只要在核对无误后，按照提示在系统中完整输入一次，系统即可自动生成一套标准化的单证，大大提高了单证制作的速度，可以有效避免数据的重复录入及由此产生的错误。

电子制单使国际贸易的交易管理做到无纸化、网络化，节省了大量交易过程的时间和费用，减少了单证出错的情况，迅速提升了国际贸易运作效率，有力地推动了国际贸易的发展。

项目一

解读合同与信用证

项目引领

目前，我国出口贸易中使用较多的是以 CIF 术语和凭信用证方式付款订立的合同。本书主要介绍这类典型合同的履行程序，其他条件达成的合同可以参照执行。

项目目标

技能目标：

1. 能够读懂外贸合同的主要条款。
2. 能够读懂信用证的主要条款。
3. 能够对照合同内容找出信用证的不符点，并提出修改意见。

4. 培养认真、严谨的工作作风。

知识目标：

1. 了解合同的形式和基本内容。
2. 理解信用证的定义、信用证业务的特点及流程。
3. 熟悉信用证的审核要点和修改程序。

业务流程

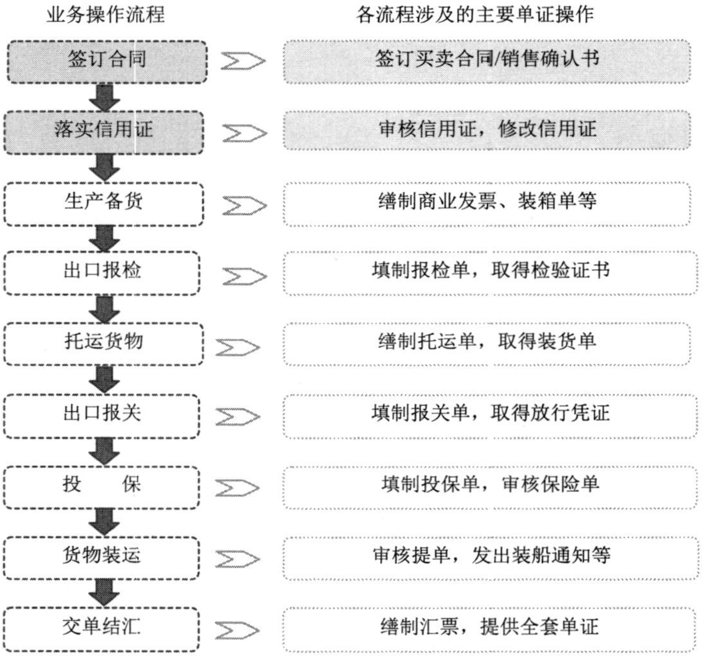

任务一　解读合同

职业情境

下面是一笔中国的华南运动用品进出口有限公司和美国 THE ATLANTIC TRADING COMPANY 就女式运动用品交易的贸易实务案例。

卖方

名称：华南运动用品进出口有限公司

Name：HUANAN SPORTS SERIES IMP. & EXP. CO., LTD.

地址：中国广州天河北路 332 号

Add.：NO. 332 TIANHEBEI ROAD，GUANGZHOU，CHINA

电话 Tel.：86-020-87556686

传真 Fax：86-020-87556687

电子邮件 E-mail：HSSIE@163.com

买方

Name：THE ATLANTIC TRADING COMPANY

Add.：NO.845 PACIFIC STREET，SAN FRANCISCO 400235，USA

Tel.：011-510-25950996

Fax：011-510-25950260

E-mail：sales @trading-company

交易商品：

商品名称：GIRL'S RUNNING SHOES（女式跑步鞋，如图 1-1 所示）、GIRL'S JACKET（女式外套，如图 1-2 所示）

图 1-1　女式跑步鞋

图 1-2　女式外套

包装方式：SHOES　　1PAIR/BOX　　　25 PAIRS/CARTON

　　　　　JACKET　 1PC/POLYBAG　 50 PCS/CARTON

经过两个月的往来函电磋商，华南运动用品进出口有限公司在 2019 年 1 月 12 日与美国 THE ATLANTIC TRADING COMPANY 就 10 000 双女式跑步鞋和 5 000 件女式外套的买卖签署了编号为 HS2019CJ06 的贸易合同，如表 1-1（同附录 A-1）所示。

表 1-1　销售合同范例一

销售合同
SALES CONTRACT

卖方 SELLER:	HUANAN SPORTS SERIES IMP. & EXP. CO., LTD. NO. 332 TIANHEBEI ROAD, GUANGZHOU, CHINA TEL.: 86-020-87556686　FAX: 86-020-87556687	编号 No.: 日期 Date:	HS2019CJ06 JAN.12, 2019
		地点 Signed at :	GUANGZHOU
买方 BUYER:	THE ATLANTIC TRADING COMPANY NO.845 PACIFIC STREET, SAN FRANCISCO 400235, USA TEL.:011-510-25950996　FAX: 011-510-25950260		

买卖双方同意以下条款达成交易：
This contract is made by and agreed between the BUYER and SELLER, in accordance with the terms and conditions stipulated below.

品名及规格 Commodity & Specification	数量 Quantity	单价及价格条款 Unit Price & Trade Terms	金额 Amount
		CIF SAN FRANCISCO	
GIRL'S RUNNING SHOES	10 000 PAIRS	USD 20.00	USD 200 000.00
GIRL'S JACKET	5 000 PCS	USD 18.00	USD　90 000.00
Total			USD 290 000.00

总值 Total Value	SAY U.S. DOLLARS TWO HUNDRED AND NINETY THOUSAND ONLY.
包装 Packing	SHOES　1PAIR/BOX　25 PAIRS/CARTON JACKET　1PC/POLYBAG　50 PCS/CARTON
唛头 Shipping Marks	AS PER SELLER'S OPTION
装运期及运输方式 Time of Shipment & Means of Transportation	NOT LATER THAN MARCH 30, 2019　BY SEA
装运港及目的地 Port of Loading & Port of Destination	FROM: GUANGZHOU, CHINA　TO: SAN FRANCISCO, USA
付款方式 Term of Payment	PAYMENT TO BE MADE BY IRREVOCABLE LETTER OF CREDIT AVAILABLE BY DRAFT AT SIGHT TO REACH THE SELLER 30 DAYS BEFORE TIME OF SHIPMENT AND REMAIN VALID IN CHINA UNTIL THE 21st DAY AFTER THE DATE OF SHIPMENT.
保险 Insurance	TO BE COVERED BY THE SELLER FOR 110% OF FULL INVOICE VALUE AGAINST ALL RISKS AND WAR RISK AS PER CIC CLAUSE.
备注 Remarks	1．PARTIAL SHIPMENT：NOT ALLOWED. 2．TRANSSHIPMENT：NOT ALLOWED.

The Buyer　THE ATLANTIC TRADING COMPANY	The Seller　华南运动用品进出口有限公司
THE ATLANTIC TRADING COMPANY	HUANAN SPORTS SERIES IMP. & EXP. CO., LTD.
JOHN SMITH	LI GANG

任务要求

陈小宁是华南运动用品进出口有限公司出口业务部的单证员，负责该笔业务的审证、制单、审单、交单和归档等一系列工作。因此，她必须对业务的合同很熟悉，对合同的主要条款做到心中有数，为下一步审证和制单做好准备。

现在，请以陈小宁的身份仔细阅读合同，确认以下内容。

（1）合同的名称、编号（或称号码）、日期、地点。

（2）买卖双方的名称、地址。

（3）货物的名称、数量、单价及总值。

（4）货物的包装及唛头。

（5）货物的装运期及运输方式、装运港及目的地。

（6）支付条款的内容。

（7）保险条款的内容。

知识准备

一、合同的形式

在国际贸易中，买卖双方经磋商达成交易后，往往需要签订书面合同。书面合同的形式和内容无统一规定。从格式的繁简来看，通常把繁式的称为合同（Sales Contract），把简式的称为确认书（Sales Confirmation），但无实质性的区别。

资料卡

合同有效成立的条件

（1）当事人必须具有订立合同的行为能力。（2）合同须有对价或约因（或互为有偿）。

（3）合同的内容必须合法。（4）必须符合法律规定的形式。

（5）当事人的意思表示必须真实。

二、合同的基本内容和主要条款

1. 约首

约首即合同的首部，主要包括该份合同的名称、编号、日期、地点及买卖双方的名称、地址等。

2. 本文

1）品名、品质条款

合同中货物名称（Name of Commodity）应明确、具体，不能产生歧义。品质（Quality）条款应列明货物的规格（Specification）、等级、标准、品牌、型号等内容。

2）数量条款

数量（Quantity）条款主要包括具体的数量（重量）和计量单位，或者加上关于溢短装的规定。

资料卡

合同中关于溢短装的规定

为了使交货数量具有一定范围内的灵活性和便于履行合同，买卖双方可在合同中合理规定数量机动幅度，只要卖方交货数量在约定的增减幅度范围内，买方不得以交货数量不符为由而拒收货物或提出索赔。

3）价格条款

价格（Price）条款包括单价（Unit Price）和总值（Total Value）两部分内容。其中，单价由计价货币（Currency）、单价金额、计量单位和贸易术语（Trade Terms）四个部分组成，如“USD18.00 per piece CIF San Francisco”。

动脑筋　为什么价格条款必须要标明贸易术语？

4）包装条款

包装（Packing）条款包括包装种类、包装方式和唛头（Shipping Marks）等。包装种类如纸箱（Carton）、木箱（Wooden Case）、袋（Bag）、桶（Drum）；包装方式指每个包装单位内所装的商品数量；有些包装条款还要列明唛头，便于货物安全、快捷地到达目的地，方便进口商清点货物。

资料卡

唛头的组成

按照国际标准化组织的推荐，唛头一般由四个部分组成。

ATC	（进口商简称）
HS2019CJ06	（参考号）
SAN FRANCISCO	（目的地）
C/NO.1-up	（件数/号码）

5）装运条款

装运（Shipment）条款包括装运期（Time of Shipment）、运输方式（Means of Transportation）、装运港（Port of Loading）、目的地（Port of Destination）、分批装运（Partial Shipment）、转运（Transshipment）等内容。

举例为“允许（不允许）分批装运。”（PARTIAL SHIPMENT IS ALLOWED(NOT ALLOWED).）

动脑筋　请翻译“允许转运”这一短语。

6）支付条款

国际贸易结算的基本方式有汇付（Remittance）、托收（Collection）、信用证（Letter of Credit）三种。信用证支付方式下出口合同的形式和内容与电汇（T/T）方式下的合同基本一致，主要区别在于支付条款（Term of Payment）。在一般情况下，支付条款应对开立信用证的时间、受益人、信用证类别、信用证金额、信用证有效期和到期地点做出具体规定。

举例为“支付方式为不可撤销的即期信用证，信用证须在装运前一个月到达卖方，装运后 15 天内在中国议付有效”。（PAYMENT TO BE MADE BY IRREVOCABLE LETTER OF CREDIT AVAILABLE BY DRAFT AT SIGHT TO REACH THE SELLER 30 DAYS BEFORE TIME OF SHIPMENT AND REMAIN VALID IN CHINA UNTIL THE 15st DAY AFTER THE DATE OF SHIPMENT.）

7）保险条款

根据贸易术语可以明确由哪方负责办理保险（Insurance）。例如，以 FOB、CFR 术语成交的合同，由买方负责投保，合同上只需标明“TO BE COVERED BY THE BUYERS”；以 CIF 术语成交的合同，由卖方负责投保，则须写明投保险别、投保金额。

举例为“卖方依据 CIC 条款，按发票金额的 110%投保一切险和战争险。”（TO BE COVERED BY THE SELLER FOR 110% OF FULL INVOICE VALUE AGAINST ALL RISKS AND WAR RISKS AS PER CIC CLAUSE.）

8）一般交易条款

一般交易条款又称格式条款，包括商品检验（Inspection）、不可抗力（Force

Majeure）、违约（Breach）、索赔（Claim）、仲裁（Arbitration）等条款。

9）备注

举例为“本合同受中国法律制约。”（THIS CONTRACT IS SUBJECT TO THE LAW OF THE PEOPLE’S REPUBLIC OF CHINA.）

3. 约尾

约尾即合同的尾部，通常包括合同的份数、使用的文字及效力、附件及效力、签约地点、买卖双方有权签字人签署等。

任务实施

角色扮演

根据“职业情境”提供的信息，阅读表1-1所示合同，完成“任务要求”，并把找到的内容翻译成中文。

牛刀小试

中国LWZ进出口公司在2019年3月15日和美国GTC贸易公司签订了一份销售男式全棉T恤衫的外贸合同，如表1-2（同附录A-2）所示。仔细分析合同，回答下列问题。

（1）合同的签约日期和地点分别是什么？

（2）合同交易的商品单价和总值分别是什么？如何进行包装？唛头是什么？

（3）合同规定的装运期、装运港、目的地分别是什么？是否允许分批装运和转运？

（4）该合同的保险条款规定的投保金额和险别分别是什么？

（5）该合同以什么方式结算货款？对交单日期有何规定？

表 1-2 销售合同范例二

SALES CONTRACT

SELLER:	LWZ Import & Export Company 39 Zhongshan Road, Guangzhou(510180), China	No.: Date:	LG051508L1 Mar. 15, 2019
BUYER:	GTC Trading Corporation 123 Sunset Street, New York(F12321), USA	Signed at:	Guangzhou, China

This contract is made by and agreed between the BUYER and SELLER, in accordance with the terms and conditions stipulated below.

Art No.	Commodity & Specification	Quantity	Unit Price & Trade Terms	Amount
L1 H.S. 6109100022	MEN'S T-SHIRT 20 PCS PER CARTON COLOR: BLACK FABRIC CONTENT: 100% COTTON	40 CARTONS	CIF NEW YORK, USA USD 286.00 PER CARTON	USD 11 440.00

Total:	USD11 440.00
Total Value	SAY U.S. DOLLARS ELEVEN THOUSAND FOUR HUNDRED AND FORTY ONLY.
Packing	TO BE PACKED IN CARTONS, 20 PIECES PER CARTON (SIZE: 50CM * 30CM * 60CM PER CARTON)
Shipping Marks	GTC NEW YORK NO. 1-40
Time of Shipment & Means of Transportation	NOT LATER THAN MAY 25, 2019 BY VESSEL
Port of Loading & Destination	FROM : GUANGZHOU, CHINA TO : NEW YORK, USA
Insurance	FOR 110% CIF INVOICE VALUE COVERING ALL RISKS, INSTITUTE STRIKES, INSTITUTE WAR CLAUSES AS PER CHINA INSURANCE CLAUSES.
Terms of Payment	BY IRREVOCABLE LETTER OF CREDIT TO BE OPENED BY FULL AMOUNT OF S/C, PAYMENT AT SIGHT DOCUMENT TO BE PRESENTED WITHIN 21 DAYS AFTER DATE OF B/L AT BENEFICIARY'S ACCOUNT.
Remarks	1. PARTIAL SHIPMENT: NOT ALLOWED. 2. TRANSSHIPMENT: ALLOWED.

The Buyer GTC TRADING CORPORATION	The Seller LWZ IMPORT & EXPORT COMPANY
GTC TRADING CORPORATION	LWZ IMPORT & EXPORT COMPANY
MIKE	HONG LIANG

技能比武

一、中英互译题

Column A	Column B
（　）1. Shipping Marks	A. 质量
（　）2. Description of Goods	B. 数量
（　）3. Packing	C. 总值
（　）4. G.W.	D. 保险
（　）5. Unit Price	E. 商品描述
（　）6. Quantity	F. 货物名称
（　）7. Total Value	G. 目的港
（　）8. Port of Destination	H. 单价
（　）9. Time of Shipment	I. 唛头
（　）10. Term of Payment	J. 金额
（　）11. Name of Commodity	K. 分批装运
（　）12. Quality	L. 装运期
（　）13. Insurance	M. 毛重
（　）14. Partial Shipment	N. 支付条款
（　）15. Amount	O. 包装

二、单选题

1. 合同中关于装运期的正确表示方式是（　　）。

A. 即期装运　　B. 某年某月装运

C. 付款后装运　　D. 限某年某月某日前装运

2. 采用CFR贸易术语的合同，应由（　　）。

A. 买方负责租船订舱和保险

B. 卖方负责租船订舱和保险

C. 买方负责租船订舱，卖方负责保险

D. 卖方负责租船订舱，买方负责保险

3. 在国际贸易中，合同中的单价一般由四个部分组成，不属于单价组成部分的是（　　）。

A. 计价货币　　B. 计量单位

C．贸易术语　　　　D．总值

三、多选题

1．书面合同的内容主要包括（　　）。

A．约首　　B．备忘录　　C．本文

D．约尾　　E．以上都对

2．在国际贸易中，合同成立的有效条件是（　　）。

A．当事人必须有签订合同的行为能力

B．合同必须有对价或约因

C．合同的形式和内容必须合法

D．合同当事人的意思表示必须真实

E．合同符合法律规定的形式

3．装运条款一般包括（　　）。

A．Time of Shipment　　B．Means of Payment

C．Port of Loading　　D．Transshipment

4．国际贸易结算的基本方式有（　　）。

A．汇付　　B．托收

C．微信　　D．信用证

5. 在国际贸易中，合同中的单价由（　　）组成。

A．计价货币　　B．单价金额

C．计量单位　　D．贸易术语

任务二　解读信用证

职业情境

2019 年 1 月 28 日，美国 THE ATLANTIC TRADING COMPANY 按照合同规定开出了以华南运动用品进出口有限公司为受益人的编号是 2019020658NBA 的信用证，如表 1-3（同附录 A-3）所示。

表 1-3　信用证范例

ISSUING BANK: BANK OF AMERICA, SAN FRANCISCO, USA
ADVISING BANK: BANK OF CHINA GUANGZHOU BRANCH
:MT: 700　　　ISSUE OF A DOCUMENTARY CREDIT

Sequence of Total	*27 :	1/1
Form of Doc. Credit	*40A :	IRREVOCABLE
Doc. Credit Number	*20 :	2019020658NBA
Date of Issue	31C :	20190128
Expiry	31D :	20190420 CHINA
Applicant	*50 :	THE ATLANTIC TRADING COMPANY NO.845 PACIFIC STREET, SAN FRANCISCO 400235, USA
Beneficiary	*59 :	HUANAN SPORTS SERIES IMP. & EXP. CO., LTD. NO.332 TIANHEBEI ROAD, GUANGZHOU, CHINA
Amount	*32B :	CURRENCY USD AMOUNT 290 000.00
Available with/ by	*41D :	ANY BANK BY NEGOTIATION
Drafts at …	42C :	AT SIGHT
Drawee	42D :	L/C ISSUING BANK
Partial Shipment	3P :	NOT ALLOWED
Transshipment	43T :	NOT ALLOWED
Port of Loading	44E :	GUANGZHOU, CHINA
Port of Discharge	44B :	SAN FRANCISCO, USA
Descript. of Goods	45A :	

GIRL'S RUNNING SHOES 10 000 PAIRS, AND GIRL'S JACKET 5 000 PCS, AS PER S/C NO. HS2019CJ06 CIF SAN FRANCISCO

Documents Required　　46A :

+ SIGNED COMMERCIAL INVOICE IN 3 COPIES INDICATING CONTRACT NUMBER AND L/C NUMBER.
+ FULL SET (3/3) OF ORIGINAL CLEAN ON BOARD OCEAN BILLS OF LADING, MADE OUT TO ORDER AND BLANK ENDORSED, MARKED "FREIGHT PREPAID", NOTIFY APPLICANT.
+ INSURANCE POLICY COVERING 110% OF FULL INVOICE VALUE, AGAINST ALL RISKS AND WAR RISK AS PER CIC CLAUSE, ENDORSED IN BLANK.
+ PACKING LIST IN TRIPLICATE INDICATING THE MEASUREMENTS.
+ORIGNIAL CERTIFICATE OF ORIGIN PLUS ONE COPY ISSUED BY CHAMBER OF COMMERCE.
+ONE COPY OF SHIPPING ADVICE.
+ONE COPY OF CERTIFICATE OF QUALITY ISSUED BY A QUALIFIED INDEPENDENT SURVEYOR AT LOADING PORT.
+BENEFICIARY'S CERTIFICATE CERTIFYING THAT EACH COPY OF SHIPPING DOCUMENTS HAS BEEN FAXED TO THE APPLICANT WITHIN 48 HOURS AFTER SHIPMENT.

续表

Additional Cond.	47A :	
+ALL DOCUMENTS PRESENTED MUST BE MARKED DRAWN UNDER L/C NO. 2019020658NBA. +SHIPPING MARKS MUST BE SHOWN ON ALL DOCUMENTS. +DOCUMENTS ISSUED EARLIER THAN THE OPENING DATE OF LETTER OF CREDIT SHOULD NOT BE ACCEPTABLE.		
Details of Charges	71B :	ALL OVERSEAS BANKS CHARGES ARE FOR BENEFICIARY'ACCOUNT
Presentation Period	48 :	21 DAYS FROM SHIPMENT DATE
Confirmation Instructions	*49 :	WITHOUT
Instruction To Bank	78 :	
USD 65(OR EQUIV) WILL BE DEDUCTED AT PAYMENT FOR EACH PRESENTATION OF DISCREPANT DOC.THIS CHARGE IS FOR ACCOUNT OF BENEFICIARY. DOCUMENTS TO BE SENT BY EXPRESS COURIER IN 2 SETS WE SHALL REMIT PROCEEDS UPON RECEIPT OF COMPLIANT DOCS AT OUR COUNTERS. THE PRESENT CREDIT IS SUBJECT TO UCP FOR DOCUMENTARY CREDIT 2007 REVISION ICC PUBLICATION 600.		

任务要求

请以单证员陈小宁的身份仔细阅读信用证，找出以下内容。

（1）与合同相对应的主要条款，包括品名、品质、数量、价格、包装、装运和支付条款。

（2）信用证的有效期、交单地点、交单期、装运期。

（3）信用证要求提交的单证名称和份数。

知识准备

国际贸易结算方式常见的有汇付、托收和信用证三种。汇付和托收主要表现为商业信用，对买卖双方都存在着一定的风险。而信用证以银行信用代替了商业风险，对出口人的安全收汇较有保障，同时它又向买方保证在其付款后能取得代表货物的单证，从而解决了买卖双方互不信任的矛盾，因此广泛应用于国际结算中。

资料卡

汇付与托收结算方式简介

汇付（Remittance）又称汇款，是指订立外贸合同后，进口人通过银行向出口人汇寄款项的做法。汇付是最简单的一种国际贸易结算方式，近年来它的使用有增多的趋势。汇付有电汇（T/T）、信汇（M/T）和票汇（D/D）三种方式。

汇付的优点是手续简便、费用低廉，是相互信任的进出口双方或跨国公司内、母子公司之间交易的最理想的结算方式。此外，在支付小额交易的货款、定金及一些贸易从属费用（包括货款尾数、佣金、运费、保险费等）时也通常使用汇付方式。

托收（Collection）是银行根据债权人的指示向债务人取得付款和/或承兑，或者在取得付款和/或承兑时交付单证的结算方式。托收是较为常用的结算方式，主要有光票托收和跟单托收两种。

汇付和托收的基本特征都是商业信用，进出口双方的资金负担不平衡，因此对进出口双方存在着较大的风险。

一、信用证的定义

信用证（Letter of Credit，L/C）是开证银行根据开证申请人（进口方）的请求，向受益人（出口方）开出的有条件的承诺付款的书面文件。

二、信用证结算方式的特点

（1）信用证是一种银行信用。开证行对受益人负首要付款责任。

（2）信用证是独立契约，独立于买卖合同，是一项自足文件。信用证以买卖双方签订的贸易合同为基础，但一经开出，就成为独立于合同以外的另一契约。买卖双方受合同的约束，开证行与受益人受信用证的约束。

（3）信用证是纯单证的业务，遵守单单相符、单证相符的“严格符合”原则。只要“单证一致、单单一致”，即受益人提交的单证在表面上与信用证规定的条款一致，受益人提交的各种单证之间表面一致，开证行就应承担付款或承兑的责任，开证行处理的是单证不是货物。

动脑筋　请说一说信用证与买卖合同的关系。

三、信用证的当事人

信用证涉及的主要当事人有四个：开证申请人、开证行、通知行、受益人。

（1）开证申请人（Applicant）又称开证人（Opener），一般为进口人，是信用证交易的发起人。

（2）开证行（Opening/Issuing Bank）一般是进口地的银行，开立信用证后，承担第一付款责任。

（3）通知行（Advising/Notifying Bank）一般为出口人所在地的银行，通常是开证行的代理行，仅承担通知收件人和鉴别信用证表面真实性的义务，可兼为议付行。

（4）受益人（Beneficiary）是指接收信用证并享受其利益的一方，一般为出口人（卖方）。

除主要当事人外，信用证通常还需要议付行、付款行等当事人的配合和协作，以便顺利完成一笔信用证业务。

（1）议付行（Negotiating Bank）是指根据开证行在议付信用证中的授权，买进受益人提交的汇票和单证的银行。

（2）付款行（Paying/Drawee Bank）是指信用证上指定付款的银行，开证行一般兼为付款行。

四、信用证的业务流程简介

信用证的业务流程随着信用证的类型和信用证条款的规定不同而有所差异，但就其基本环节而言，则大致相同。如图 1-3 所示为信用证的业务流程示意图。

说明：

（1）进出口双方在贸易合同中明确规定以信用证作为结算方式支付货款。

（2）进口人向当地银行提出申请，填写开证申请书，并交纳押金或提供其他保证，要求开证行向出口人（受益人）开出信用证。

（3）开证行开具信用证，并寄交出口人所在地银行（通知行）。

（4）通知行核对印押无误后，将信用证通知出口人。

（5）出口人审核信用证与合同相符后，按照规定条件装运货物，之后备齐信用证规定的各种单证，开出汇票，在信用证有效期内送议付行议付。

（6）议付行审单无误后，按照汇票金额扣除利息，把货款垫付出口人。

（7）议付行将汇票和单证寄开证行或付款行索偿。

（8）开证行或付款行审单无误后，向议付行偿付货款。

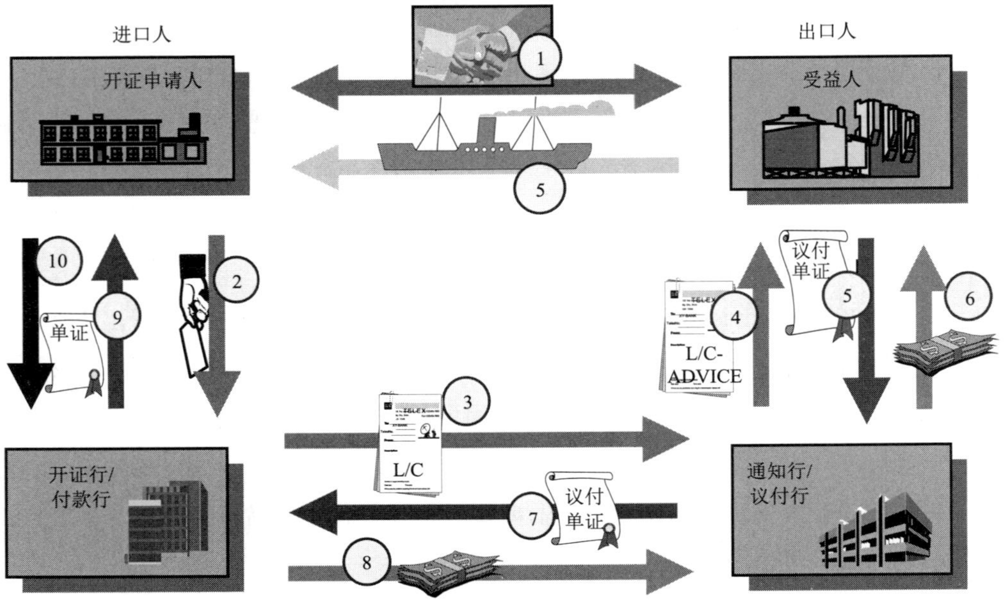

图 1-3　信用证的业务流程

⑨ 开证行通知进口人付款赎单。

⑩ 开证人付款赎单后向承运人提货。

五、信用证的基本内容

信用证的格式有很多种，如信开信用证和电开信用证。无论何种格式，信用证的主要内容基本一样，包括以下几个方面。

1. 总的说明

（1）信用证的种类（Type of Credit）。

（2）信用证的号码（L/C Number）、开证日期（Date of Issue）。

（3）有效期和到期地点（Expiry Date & Place）。

（4）信用证货币与金额（Currency & Amount）。

2. 信用证的当事人

（1）开证申请人（Applicant），即进口方。

（2）受益人（Beneficiary），即出口方。

（3）开证行（Opening/Issuing Bank），即进口地银行。

（4）通知行（Advising/Notifying Bank），即出口地银行。

（5）议付行（Negotiating Bank），一般为出口地银行。

（6）付款行（Paying/Drawee Bank），一般为进口地银行。

3. 有关货物的描述

（1）品名（Name of Commodity）。

（2）规格（Specification）。

（3）数量（Quantity）。

（4）包装（Packing）。

（5）贸易术语和单价（Trade Terms & Unit Price）。

4. 对运输的要求

（1）装运港或起运地（Port of Loading/Shipment from）。

（2）卸货港或目的地（Port of Discharge/Destination）。

（3）运输方式（Mode of Shipment）。

（4）装运期限（Time of Shipment）。

（5）可否分批（Partial Shipment Allowed or Not Allowed）。

（6）可否转运（Transshipment Allowed or Not Allowed）。

5. 对单证的要求（Documents Required）

对单证的要求包括信用证需要提供的单证种类、份数和具体要求。

（1）以商业发票（Commercial Invoice）为中心，包括装箱单（Packing List）、产地证（Certificate of Origin）、检验证书（Inspection Certificate）、受益人证明（Beneficiary's Certificate）等。

（2）提单或运输单证（Bill of Lading or Transport Documents）。

（3）保险单证（Insurance）。

6. 对汇票（Draft）的要求

（1）出票人（Drawer），一般为出口方。

（2）受票人（Drawee/Payer），一般为进口方。

（3）付款期限（Tenor）。

（4）出票条款（Drawn Clause）。

（5）出票日期（Date of Issue）。

7. 特殊条款

通常是开证行给通知行或议付行的指示，或者开证行对受益人及汇票持有人保证付款的责任文句及适用的国际惯例。

资料卡

信用证常见用语

信用证金额——Amount of the L/C

1. AMOUNT CNY…（金额：人民币……）

2. FOR THE AMOUNT OF USD…（金额为美元……）

汇票条款——Draft (Bill of Exchange)

1. AVAILABLE BY DRAFTS AT SIGHT（凭即期汇票付款）

2. THE BUYERS SHALL OPEN THROUGH A BANK ACCEPTABLE TO THE SELLERS AN IRREVOCABLE SIGHT LETTER OF CREDIT TO REACH THE SELLERS 30 DAYS BEFORE MONTH OF SHIPMENT, VALID FOR NEGOTIATION IN CHINA UNTIL THE 21ST DAY AFTER THE DATE OF SHIPMENT. （买方应通过卖方所接受的银行，于装运月份前30天开出并送到卖方不可撤销的即期信用证、于装运日期后21天内在中国议付有效。）

单据要求——Documents Required

1. AVAILABLE AGAINST SURRENDER OF THE FOLLOWING DOCUMENTS BEARING OUR CREDIT NUMBER AND THE FULL NAME AND ADDRESS OF THE OPENER. （凭交出下列注明本证号码和开证人的全称及地址的单据付款。）

2. ACCOMPANIED BY FOLLOWING DOCUMENTS.（随附下列单据）

发票——Invoice

SIGNED COMMERCIAL INVOICE IN DUPLICATE/ IN TRIPLICATE/ IN QUADRUPLICATE/ IN QUINTUPLICATE. （已签署的商业发票一式两份/一式三份/一式四份/一式五份。）

提单——Bill of Lading

FULL SET CLEAN ON BOARD BILL(S) OF LADING MARKED "FREIGHT PREPAID" TO ORDER OF SHIPPER ENDORSED TO … BANK, NOTIFYING BUYERS.（全套清洁已装船提单，应注明“运费付讫”，制成以托运人指示为抬头，背书给……银行，通知买方。）

原产地证明书——Certificate of Origin

1. CERTIFICATE OF ORIGIN 或 C/O （一般原产地证明书）

2. GENERALISED SYSTEM OF PREFERENCE(G.S.P) CERTIFICATE OF ORIGIN FORM "A"（普惠制格式“A”产地证明书）

包装单据——Packing List and Weight List

PACKING LIST DETAILING THE COMPLETE INNER PACKING SPECIFICATION AND CONTENTS OF EACH PACKAGE. （载明每件货物内部包装的规格和内容的装箱单。）

检验证书——Inspection Certificate

CERTIFICATE OF INSPECTION CERTIFYING QUALITY & QUANTITY IN TRIPLICATE ISSUED BY C.I.B.C.. （由中国商品检验局出具的品质和数量检验证明书一式三份。）

运输条款——The Stipulation for Shipping Terms

1. DRAFT(S) MUST BE PRESENTED TO THE NEGOTIATING (OR DRAWEE) BANK NOT LATER THAN… （汇票不得迟于……交议付行。）

2. DOCUMENTS MUST BE PRESENTED WITH … DAYS AFTER THE DATE OF ISSUANCE OF THE TRANSPORT DOCUMENTS BUT WITHIN THE VALIDITY OF THIS CREDIT. （单据必须在提单日后……天送达银行并且不超过信用证有效期。）

任务实施

角色扮演

根据“职业情境”提供的信息，阅读表 1-3 所示信用证，完成“任务要求”，以小组为单位进行相互检查与评价。

牛刀小试

一、中英互译

Column A	Column B
(　　) 1. Beneficiary	A. 开证申请人
(　　) 2. Advising Bank	B. 商业发票
(　　) 3. Expiry Date and Place	C. 通知行
(　　) 4. Documents Required	D. 金额
(　　) 5. Drafts at …	E. 装箱单
(　　) 6. Unit Price	F. 商品名称
(　　) 7. Transport Documents	G. 开证行
(　　) 8. Certificate of Origin	H. 装运港
(　　) 9. Issuing Bank	I. 单价
(　　) 10. Commercial Invoice	J. 开汇票
(　　) 11. Port of Loading	K. 单证要求
(　　) 12. Name of Commodity	L. 原产地证书
(　　) 13. Amount	M. 有效日期与地点
(　　) 14. Packing List	N. 运输单证
(　　) 15. Applicant	O. 受益人

二、英译中

1. Beneficiary ____________________
2. Drawee ____________________
3. Date of Issue ____________________
4. Latest Date of Shipment ____________________

5. Negotiating Bank ____________________

6. Port of Discharge ____________________

7. SIGNED COMMERCIAL INVOICE IN 3 COPIES INDICATING CONTRACT NUMBER AND L/C NUMBER.

____

8. PACKING LIST IN TRIPLICATE.

____

9. INSURANCE POLICY COVERING 110% OF THE INVOICE VALUE, AGAINST ALL RISKS AND WAR RISK AS PER CIC CLAUSE.

____

____

10. FULL SET (3/3) OF ORIGINAL CLEAN ON BOARD OCEAN BILLS OF LADING, MADE OUT TO ORDER AND BLANK ENDORSED, MARKED "FREIGHT PREPAID", NOTIFYING THE APPLICANT OF LETTER OF CREDIT.

____

____

技能比武

一、单选题

1．属于银行信用的国际结算方式有（　　）。

A．汇付　　B．托收　　C．信用证　　D．汇票

2．根据《UCP600》的解释，信用证的第一付款人是（　　）。

A．进口人　　B．开证行

C．议付行　　D．通知行

3．一份信用证规定有效期为2019年11月15日，装运期为2019年10月，未规定装运日后交单的特定期限，实际装运货物的日期是2019年10月10日。根据《UCP600》的规定，受益人应在（　　）前向银行交单。

A．2019年11月15日　　B．2019年10月31日

C．2019 年 10 月 15 日　　D．2019 年 10 月 25 日

4. 根据《UCP600》的解释，如信用证条款未明确规定是否“允许分批装运”“允许转运”则应理解为（　　）。

A．允许分批装运，但不允许转运　　B．允许分批装运和转运

C．允许转运，但不允许分批装运　　D．不允许分批装运和转运

5．在信用证条款中，“Latest Date of Shipment”的意思是（　　）。

A．信用证到期日　　B．信用证最晚交单日

C．信用证最早交单日　　D．信用证最迟装运日

二、多选题

1．对于信用证与合同关系的表述，正确的是（　　）。

A．信用证的开立以买卖合同为依据

B．信用证业务的处理不受买卖合同的约束

C．有关银行办理信用证业务时应适当考虑合同

D．合同是审核信用证的依据

E．信用证业务的处理受买卖合同的约束

2．关于信用证中的“Date and Place of Expiry”，说法正确的是（　　）。

A．表明该证的到期日期和到期地点

B．信用证的到期地点可以在开证行所在地，也可以在受益人所在地

C．可以推算出信用证的开证日期

D．如果是在开证行所在地，出口审单人员一定要把握好交单时间和邮程，防止信用证失效

3．因下列情况开证行有权拒付票款：（　　）。

A．单据内容与信用证条款不符　　B．实际货物未装运

C．单据与货物有出入　　D．单据与单据之间不符

E．单据与合同规定不符

4．在信用证支付方式下，外贸单证工作主要有（　　）等方面的内容，它贯穿于合同履行的全过程。

A．审证　　B．制单　　C．审单

D．交单　　E．存档

5．下列选项中（　　）是商业单据。

A．发票　　B．提单　　C．报关单

D．汇票　　　　E．形式发票

三、判断题

1.《UCP600》规定，标明“正本”（Original）字样的单据为正本单据，须经出单人签署方为有效；标明“副本”（Copy）或不标明“正本”字样的单据为副本单据，无须签署。（　　）

2．某公司按 CIF 条件出口某商品，采用信用证支付方式。买方在约定时间内未开来信用证，但约定的装运期已到，为了重合同和守信用，我方仍应按期发运货物。（　　）

3．根据《UCP600》的规定，如果信用证中没有规定是否可以分批装运与转运，应理解为不允许分批装运与转运。（　　）

4．在信用证支付方式下，如果国外开来的信用证条款与买卖合同互相矛盾，制单和审单时应以信用证为准。（　　）

5．信用证可以不规定有效期，但必须规定装运期。（　　）

四、实操题

阅读下列信用证，找出相关内容。

LETTER OF CREDIT

ADVISING BANK: BANK OF COMMUNICTIONS OF SHANGHAI (HEAD OFFICE)

OPENING BANK: BANGKOK PUBLIC COMPANY LIMITED, BANGKOK

SEQUENCE TOTAL	*27	1/1
FORM DOC CREDIT	*40A	IRREVOCABLE
DOC CREDIT NUM	*20	0011LC123756
DATE OF ISSUE	31C	191103
DATE/PLACE EXPIRY	*31D	DATE 200114 PLACE BENEFICIARIES’COUNTRY
APPLICANT	*50	MOUN CO., LTD NO. 443, 249 ROAD BANGKOK THAILAND
BENEFICIARY	*59	SHANGHAI FOREIGN TRADE CORP.

		SHANGHAI, CHINA
CURR CODE, AMT	*32B	CODE USD AMOUNT USD18,000
AVAILABLE WITH/BY	*41D	ANY BANK IN CHINA BY NEGOTIATION
DRAFTS AT	42C	SIGHT IN DUPLICATE INDICATING THIS L/C NUMBER
DRAWEE	43D	NOW CO.,LTD NO.443,249 ROAD BANGKOK THAILND
PARTIAL SHIPMENTS	43P	NOT ALLOWED
TRANSSHIPMENT	43T	ALLOWED
LOADING ON BRD	44A	CHINA MAIN PORT,CHINA
FOR TRANSPORT TO	44B	BANGKOK, THAILAND
LATEST SHIPMENT	44C	191220
GOODS DESCRIPTION.	45A	2,000KGS. ISONIAZID BP98 AT USD 9,00 PER KG. CFR BANGKOK
DOCS REQUIRED	46A	DOCUMENTS REQUIRED: +COMMERCIAL INVOICE IN ONE ORIGINAL PLUS 5 COPIES INDICATING F.O.B VALUE, FREIGHT CHARGES SEPARATELY AND THIS L/C NUMBER, ALL OF WHICH MUST BE MANUALLY SIGNED. +FULL SET OF 3/3 CLEAN ON BOARD OCEAN BILLS OF LADING AND TWO NON-NEGOTIABLE COPIES MADE OUT TO ORDER OF BANGKOK BANK PUBLIC COMPANY LIMITED, BANGKOK. MARKED FREIGHT PREPAID AND NOTIFY APPLICANT AND INDICATING THIS L/C NUMBER.

		+PACKING LIST IN ONE ORIGINAL PLUS 5 COPIES, ALL OF WHICH MUST BE MANUALLY SIGNED.
DD.CONDITIONS	47A	ADDITIONAL CONDITION: A DISCREPANCY FEE OF USD50.00 WILL BE IMPOSED ON EACH SET OF DOCUMENTS PRESENTED OR NEGOTIATION UNDER THIS L/C WITH DISCREPANCY. THE FEE WILL BE DEDUCTED FROM THE BILL AMOUNT.
CHARGES	71B	ALL BANK CHARGES OUTSIDE THAILAND INCLUDING REIMBURSING BANK COMMISION AND DISCREPANCY FEE (IF ANY) ARE FOR BENEFICIARIES' ACCOUNT.

1. 开证申请人：

2. 开证行：

3. 受益人：

4. 通知行：

5. 货物名称、单价和数量：

6. 总金额：

7. 信用证有效期和到期地点:

8. 最迟装运期和装运港：

9．要求提交的单据名称：

10．对汇票的要求：

任务三　审核、修改信用证

职业情境

2019 年 3 月 15 日，中国 LWZ 进出口公司和美国 GTC 贸易公司签订了一份销售男式 T 恤衫的外贸合同，如表 1-2 所示。2019 年 3 月 22 日，GTC 贸易公司根据合同规定开出了以 LWZ 进出口公司为受益人的编号是 01/0501-FCT 的信用证（需要卖方审核），如表 1-4 所示。

表 1-4　编号是 01/0501-FCT 的信用证

<table>
<tr><td colspan="3">THE ROYAL BANK OF AMERICA
BRITISH COLUMBIA INTERNATION CENTRE
1055 WEST GEORGIA STREET, NEW YORK, USA</td></tr>
<tr><td colspan="2">□CONFIRMATION OF TELEX/CABLE PER-ADVISED
TELEX NO. 4720688 FR</td><td>DATE: MAR. 22, 2019
PLACE: NEW YORK</td></tr>
<tr><td>IRREVOCABLE DOCUMENTARY CREDIT</td><td>CREDIT NUMBER:
01/0501-FCT</td><td>ADVISING BANK'S REF. NO.</td></tr>
<tr><td>ADVISING BANK:
BANK OF CHINA GUANGZHOU BRANCH
197 DONGFENG WEST ROAD, GUANGZHOU, CHINA</td><td colspan="2">APPLICANT:
GTC TRADING CORPORATION
123 SUNSET STREET, NEW YORK(F12321), USA</td></tr>
<tr><td>BENEFICIARY:
LWZ IMPORT & EXPORT COMPANY
29 ZHONGSHAN ROAD, GUANGZHOU (510180), CHINA</td><td colspan="2">AMOUNT:
HKD 11 404.00
(H.K. DOLLARS ELEVEN THOUSAND FOUR HUNDRED AND FORTY ONLY)</td></tr>
<tr><td colspan="3">EXPIRY DATE: AUGUST 15, 2019　FOR NEGOTIATION IN BENEFICIARY COUNTRY</td></tr>
<tr><td colspan="3">GENTLEMEN:
WE HEREBY OPEN OUR IRREVOCABLE LETTER OF CREDIT IN YOUR FAVOR WHICH IS AVAILABLE BY YOUR DRAFTS AT SIGHT FOR FULL INVOICE VALUE ON US ACCOMPANIED BY THE FOLLOWING DOCUMENTS:
+ SIGNED COMMERCIAL INVOICE IN 3 COPIES.
+ PACKING LIST IN 3 COPIES, SHOWING THE INDIVIDUAL WEIGHT AND MEASUREMENT OF EACH ITEM.</td></tr>
</table>

续表

+ ORIGINAL CERTIFICATE OF ORIGIN AND 3 COPIES ISSUED BY THE CHAMBER OF COMMERCE.

+ FULL SET CLEAN ON BOARD OCEAN BILLS OF LADING MARKED “FREIGHT COLLECT” CONSIGNED TO ORDER OF THE ROYAL BANK OF AMERICA INDICATING THE ACTUAL DATE OF THE GOODS ON BOARD AND NOTIFY THE APPLICANT WITH FULL ADDRESS AND PHONE NO..

+ INSURANCE POLICY OR CERTIFICATE FOR 100 PERCENT CIF OF INVOICE VALUE COVERING: ALL RISKS，INSTITUTE STRIKES，INSTITUTE WAR CLAUSES AS PER CHINA INSURANCE CLAUSES.

+ ONE COPY OF CERTIFICATE OF QUALITY ISSUED BY A QUALIFIED INDEPENDENT SURVEYOR AT LOADING PORT.

+ BENEFICIARY’S CERTIFICATE CERTIFYING THAT EACH COPY OF SHIPPING DOCUMENTS HAS BEEN FAXED TO THE APPLICANT WITHIN 48 HOURS AFTER SHIPMENT.

COVERING SHIPMENT PF:

L1 40 CARTONS WOMEN’S T-SHIRT 20 PCS PER CARTON

COLOR: BLACK FABRIC CONTENT: 100% COTTON

DETAILS IN ACCORDANCE WITH SALES CONTRACT LG0515298 DATED MAR. 15, 2018.

[ ]FOB / [ ]CFR / [X] CIF/ [ ]FAX WASHINGTON DC, USA.

SHIPMENT FROM GUANGZHOU	TO WASHINGTON	LATEST JUNE 31, 2019	PARTIAL SHIPMENT NOT ALLOWED	TRANSSHIPMENT NOT ALLOWED

DRAFTS TO BE PRESENTED FOR NEGOTIATION WITHIN 10 DAYS FROM BILL OF LADING DATE, BUT WITHIN THE VALIDITY OF CREDIT. ALL DOCUMENTS TO BE FORWARDED IN ONE COVER, BY AIRMAIL, UNLESS OTHERWISE STATED UNDER SPECIAL INSTRUCTION.

SPECIAL INSTRUCTION: ALL BANKING CHARGES OUTSIDE AMERICA ARE FOR ACCOUNT OF BENEFICIARY.

+ ALL GOODS MUST BE SHIPPED IN ONE 20’CY TO CY CONTAINER AND B/L SHOWING THE SAME.

+ THE VALUE OF FREIGHT PREPAID HAS TO BE SHOWN ON BILLS OF LADING.

+ DOCUMENTS WHICH FAIL TO COMPLY WITH THE TERMS AND CONDITIONS IN THE LETTER OF CREDIT SUBJECT TO A SPECIAL DISCREPANCY HANDLING FEE OF US$35.00 TO BE DEDUCTED FROM ANY PROCEEDS.

DRAFT MUST BE MARKED AS BEING DRAWN UNDER THIS CREDIT AND BEAR ITS NUMBER; THE AMOUNTS ARE TO BE ENDORSED ON THE REVERSE HERE OF BY NEG. BANK. WE HEREBY AGREE WITH THE DRAWERS, ENDORSERS AND FIDE HOLDER THAT ALL DRAFTS DRAWN UNDER AND IN COMPLIANCE WITH THE TERMS OF THIS CREDIT SHALL BE DULY HONORED UPON PRESENTATION.

THIS CREDIT IS ISSUED SUBJECT TO UCP 600.

Yours Very Truly,

David Jone
AUTHORIZED SIGNATURE

Joanne Hsan
AUTHORIZED SIGNATURE

任务要求

请以单证员的身份完成以下工作任务：根据合同内容审核信用证，指出不符之处并提出修改意见。

知识准备

在信用证支付方式下，按时开立信用证是买方的一项义务，也是卖方履行合同的一个先决条件。当卖方（受益人）收到信用证后，为保护自身权益，必须对照有关的合同对信用证进行全面审查，这样可以及早发现错误，采取相应的补救措施，以确保合同顺利进行，安全收回货款。

动脑筋　如果信用证与合同不符会出现什么情况？

一、信用证审核的要点

从信用证方式下的交易流程来看，信用证的审核主体有通知行和受益人两方，这两方的审核侧重点是不同的。

1. 通知行审核信用证

通知行主要从开证行的资信、信用证的表面真实性及信用证的保证条款进行审核。

2. 受益人审核信用证

出口企业的单证员审证的依据主要包括外贸合同、国际贸易惯例、《UCP600》及进口国有关法规的规定。审核的要点主要有以下内容。

（1）信用证的种类是否与合同规定一致。《UCP600》第 3 条规定：“信用证是不可撤销的，即使信用证中对此未作指示也是如此。”因此，信用证中不得有“可撤销”（REVOCABLE）的字样。若合同规定为可转让的信用证，则须注明“TRANSFERABLE”字样。

（2）信用证当事人的名称和地址是否准确无误。如果来证该项内容出错，应及时修改更正，否则会直接影响收汇，因为开证行可以拒付由非受益人出具的单证。

（3）信用证中的合同号码是否正确。信用证中一般有两个号码，一个是信用证号码，一个是合同号码。信用证所述的合同号码必须与所签合同号码完全一致。

（4）信用证的有效期和到期地点。根据《UCP600》的规定，一切信用证均要规定一个有效期，若信用证没有规定有效期，则视为无效信用证。到期地点尽量要求在我国。

动脑筋　信用证的有效期与交单期一样吗？

（5）信用证的装运期和有效期。信用证的装运期一般应有“最迟”（latest）、“不迟于”（not later than）或“截至”（until）等字样。若来证没有规定装运期，则理解为有效期和装运期是同一天，即“双到期”。但在实际业务操作中，应将实际装运期提前一定的时间（一般在有效期前 10 天），以便于出口方有合理的时间制单结汇。

动脑筋　为什么信用证的装运期一般应有“最迟”或“不迟于”等字样？

（6）信用证的金额、币制是否与合同一致。信用证的金额不能低于合同金额，所用的货币种类要与合同规定的一致，金额的大小写要一致。

（7）对货物的描述是否与合同规定相符。对货物的描述包括货物的名称、规格、数量、单价、总值、包装等，这部分内容必须与合同规定一致，否则履行合同时将无所适从。

（8）信用证的运输条款。例如，按《UCP600》的规定，除信用证另有规定外，货物是允许分批装运及转运的。此外，还要审核能否提供所需的货运单证。

（9）信用证的单证条款。例如，在审核海运提单条款是否与合同一致时，合同以 CIF 或 CFR 条件成交，提单应显示“FREIGHT PREPAID”；若来证显示“FREIGHT COLLECT”，则应要求修改。又如，合同以 CFR 或 FOB 条件成交，信用证要求受益人提交保险单，则应要求修改。审核信用证中保险单的保险条款、险别、保险加成、保险人和理赔人等内容应与合同相符。如信用证要求合同条款外的险别且不明确额外保费由开证人负担，则应要求修改。

（10）信用证中是否存在其他不合理的要求。例如，应由开证人负担的费用却要求由受益人负担，应在装运后寄给开证人的提单副本却要求出口人在装运前寄出等。

二、信用证审核的步骤

（1）总体浏览信用证。

（2）逐步仔细审核信用证条款，对不能接受的条款用铅笔做出标注。

（3）填写信用证审核单。

（4）对照信用证检查审核单填写是否正确，检查是否有漏审核条款。

三、信用证的修改

1. 修改的程序

修改的程序如图 1-4 所示。

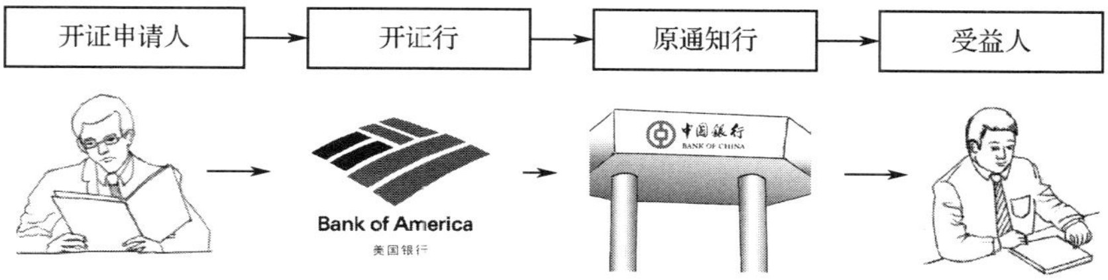

图 1-4　修改的程序

（1）出口方审查信用证后，发现信用证与买卖合同不符而又不能接受的条款，或者信用证某些条款不符合《UCP600》要求等，即以函电的方式向开证申请人提出修改要求。开证申请人收到出口方函电后，向开证行发出修改信用证的指示。

（2）开证行同意后，即向原通知行发出修改通知书。

（3）原通知行鉴别真实性后，将修改通知书转给受益人。

（4）受益人收到后表示接受或拒绝。

2. 修改信用证的注意事项

一份信用证如有几处需要修改，应集中一次通知开证人办理修改，避免多次修改信用证的情况。

资料卡

改正信函的写信要点

（1）感谢对方开来信用证，经审核存在不符点。

（2）列明不符点并说明如何修改。

（3）希望早日收到信用证修改书。

改正信函范例：

Dear Sirs,

Thank you very much for your L/C NO.8899. After checking it , however, we are sorry to find it contains the following discrepancies:

（1）“500 CARTONS” should be “5000 CARTONS”.

（2）Please insert “AND WAR RISK” in the clause “INSURANCE POLICY IN DUPLICATE BLANK ENDORSED COVERING ALL RISKS FOR 110% INVOICE VALUE”.

（3）Delete the word “NOT” in the clause “PARTIAL SHIPMENT IS NOT ALLOWED”.

Please try your best to do the amendment so that we can execute the sales confirmation successfully.

Best regards!

×××

任务实施

角色扮演

根据“职业情境”提供的信息，根据合同（见表 1-2）内容审核信用证（见表 1-4），指出不符之处并提出修改意见。

参考格式：“开证日期与合同不符，应为 20190821 之前。”

经审核，信用证需要修改的内容如下：

操作示范

经修改，正确的信用证如表 1-5（同附录 A-4）所示。

表 1-5　正确的信用证

<table>
<tr><td colspan="3">THE ROYAL BANK OF AMERICA
BRITISH COLUMBIA INTERNATION CENTRE
1055 WEST GEORGIA STREET, NEW YORK, USA</td></tr>
<tr><td colspan="2">□CONFIRMATION OF TELEX/CABLE PER-ADVISED
TELEX NO. 4720688 FR</td><td>DATE: MAR. 22, 2019
PLACE: NEW YORK</td></tr>
<tr><td>IRREVOCABLE DOCUMENTARY CREDIT</td><td>CREDIT NUMBER:
01/0501-FCT</td><td>ADVISING BANK'S REF. NO.</td></tr>
<tr><td>ADVISING BANK:
BANK OF CHINA GUANGZHOU BRANCH
197 DONGFENG WEST ROAD,
GUANGZHOU, CHINA</td><td colspan="2">APPLICANT:
GTC TRADING CORPORATION
123 SUNSET STREET, NEW YORK(F12321), USA</td></tr>
</table>

续表

<table>
<tr><td colspan="2">BENEFICIARY:
LWZ IMPORT & EXPORT COMPANY
39 ZHONGSHAN ROAD,
GUANGZHOU (510180), CHINA</td><td colspan="3">AMOUNT:
USD 11 440.00
(U.S. DOLLARS ELEVEN THOUSAND FOUR HUNDRED AND FORTY ONLY)</td></tr>
<tr><td colspan="2">EXPIRY DATE: JUNE 15, 2019</td><td colspan="3">FOR NEGOTIATION IN BENEFICIARY COUNTRY</td></tr>
<tr><td colspan="5">GENTLEMEN:
WE HEREBY OPEN OUR IRREVOCABLE LETTER OF CREDIT IN YOUR FAVOR WHICH IS AVAILABLE BY YOUR DRAFTS AT SIGHT FOR FULL INVOICE VALUE ON US ACCOMPANIED BY THE FOLLOWING DOCUMENTS:
+ SIGNED COMMERCIAL INVOICE IN 3 COPIES.
+ PACKING LIST IN 3 COPIES, SHOWING THE INDIVIDUAL WEIGHT AND MEASUREMENT OF EACH ITEM.
+ ORIGINAL CERTIFICATE OF ORIGIN AND 3 COPIES ISSUED BY THE CHAMBER OF COMMERCE.
+ FULL SET CLEAN ON BOARD OCEAN BILLS OF LADING MARKED “FREIGHT PREPAID” CONSIGNED TO ORDER OF THE ROYAL BANK OF AMERICA INDICATING THE ACTUAL DATE OF THE GOODS ON BOARD AND NOTIFY THE APPLICANT WITH FULL ADDRESS AND PHONE NO..
+ INSURANCE POLICY OR CERTIFICATE FOR 110 PERCENT CIF OF INVOICE VALUE COVERING: ALL RISKS，INSTITUTE STRIKES，INSTITUTE WAR CLAUSES AS PER CHINA INSURANCE CLAUSES.
+ ONE COPY OF CERTIFICATE OF QUALITY ISSUED BY A QUALIFIED INDEPENDENT SURVEYOR AT LOADING PORT.
+ BENEFICIARY’S CERTIFICATE CERTIFYING THAT EACH COPY OF SHIPPING DOCUMENTS HAS BEEN FAXED TO THE APPLICANT WITHIN 48 HOURS AFTER SHIPMENT.
COVERING SHIPMENT PF:
L1 40 CARTONS MEN’S T-SHIRT 20 PCS PER CARTON
COLOR: BLACK FABRIC CONTENT: 100% COTTON
DETAILS IN ACCORDANCE WITH SALES CONTRACT LG051508L1 DATED MAR. 15, 2019.
[ ]FOB / [ ]CFR / [X] CIF/ [ ]FAX NEW YORK, USA.</td></tr>
<tr><td>SHIPMENT FROM
GUANGZHOU</td><td>TO
NEW YORK</td><td>LATEST
MAY 25, 2019</td><td>PARTIAL
SHIPMENT
NOT ALLOWED</td><td>TRANSSHIPMENT
ALLOWED</td></tr>
<tr><td colspan="5">DRAFTS TO BE PRESENTED FOR NEGOTIATION WITHIN 21 DAYS FROM BILL OF LADING DATE, BUT WITHIN THE VALIDITY OF CREDIT. ALL DOCUMENTS TO BE FORWARDED IN ONE COVER, BY AIRMAIL, UNLESS OTHERWISE STATED UNDER SPECIAL INSTRUCTION.</td></tr>
</table>

续表

SPECIAL INSTRUCTION: ALL BANKING CHARGES OUTSIDE AMERICA ARE FOR ACCOUNT OF BENEFICIARY. + ALL GOODS MUST BE SHIPPED IN ONE 20'CY TO CY CONTAINER AND B/L SHOWING THE SAME. + THE VALUE OF FREIGHT PREPAID HAS TO BE SHOWN ON BILLS OF LADING. + DOCUMENTS WHICH FAIL TO COMPLY WITH THE TERMS AND CONDITIONS IN THE LETTER OF CREDIT SUBJECT TO A SPECIAL DISCREPANCY HANDLING FEE OF US$35.00 TO BE DEDUCTED FROM ANY PROCEEDS.
DRAFT MUST BE MARKED AS BEING DRAWN UNDER THIS CREDIT AND BEAR ITS NUMBER; THE AMOUNTS ARE TO BE ENDORSED ON THE REVERSE HERE OF BY NEG. BANK. WE HEREBY AGREE WITH THE DRAWERS, ENDORSERS AND FIDE HOLDER THAT ALL DRAFTS DRAWN UNDER AND IN COMPLIANCE WITH THE TERMS OF THIS CREDIT SHALL BE DULY HONORED UPON PRESENTATION. THIS CREDIT IS ISSUED SUBJECT TO UCP 600. Yours Very Truly, David Jone　　Joanne Hsan AUTHORIZED SIGNATURE　　AUTHORIZED SIGNATURE

技能比武

一、实操题

根据下述合同内容审核信用证，指出不符之处。

1. 合同

SALES CONTRACT

Ref No: 2000WRT427

Date: April 30th, 2019

The Buyers :BACK STAINLESS PIPE L.P.

Add: 120 Essex Avenue East Avenel , New Jersey 03002, USA

Fax :17327505231　　　　Tel: 17327505221

The Sellers :HUZHOU SHIYE GROUP CO. LTD.

Add: 32 Street Huzhou Zhejiang . 313000

Fax: 86 572 2517433　　　　Tel: 86 572 2517411

This CONTRACT is made by and between the Buyers and the Sellers : whereby the Buyers agree to buy and the Sellers agree to sell the under-mentioned goods on the terms and conditions below.

1. Description of goods:

a. Name of commodity :Stainless steel seamless tube			
b. Specification :20'length each piece			
Size & Grade	Unit price USD/MT	Quantity	Amount USD
1/2×049 ST 304	5 017.60	2.50	12 544.00
1/2×083 ST 304	4 821.60	0.30	1 446.48
1/2×109 ST 304	4 625.60	1.00	4 625.60
1/2×065 ST 316/L	7 122.64	2.00	14 245.28
1/2×083 ST 316/L	6 544.44	3.50	22 905.54
1/2×095 ST 316/ L	6 364.12	2.00	12 728.24
1/2×058 ST 304/ L	6 162.64	0.50	3 071.32
Total			71 566.46
4% discount			2 862.6584
Total			68 703.80

2. Price terms: CIFC5% Philadelphia（费城）.

3. Packing: In wooden case, total in 15 wooden cases.

4. More or less 2% of total quantity and amount is allowed.

5. Port of Loading: Shanghai, China.

Port of Destination: Philadelphia port, USA.

6. Delivery Time: before May 31st, 2019 .

7. Partial Shipment: allowed; Transshipment: allowed.

8. Payment terms: By irrevocable letter of credit at sight. The covering L/C shall reach the seller 15 days before shipment and remain valid in above indicated Loading Ports 15 days after the date of shipment.

9. Insurance: To be covered by the Sellers for the full invoice value plus 10% against All Risks. If the Buyers desire to cover for any other extra risks aforementioned of amount exceeding the aforementioned limited, the Sellers' approval must be obtained beforehand and all the additional premiums thus incurred shall be for the Buyer' account.

The Sellers:	The Buyers:
HUZHOU SHIYE GROUP CO. LTD.	BACK STAINLESS PIPE

2. 信用证

<table>
<tr><td colspan="2">DATE: 3-MAY-2019</td><td colspan="2">PLACE: Philadelphia</td></tr>
<tr><td colspan="2">REVOCABLE DOCUMENTARY CREDIT</td><td colspan="2">CREDIT NO: CB2453</td></tr>
<tr><td colspan="2">ADVISING BANK: THE CENTER BANK OF PHILADELPHIA</td><td colspan="2">APPLICANT: BACK STAINLESS PIPE L.P. 120 ESSEX AVENUE EAST AVENEL , NEW JERSEY 03002, USA</td></tr>
<tr><td colspan="2">BENEFICIARY: HUZHOU SHIYE GROUP CO. LTD. 32 STREET HUZHOU ZHEJIANG</td><td colspan="2">AMOUNT: US$ 68703.80 (US DOLLARS SIXTY-EIGHT THOUSAND SEVEN HUNDRED AND THREE POINT EIGHTY)</td></tr>
<tr><td colspan="4">EXPIRY DATE: TO FACILITATE NEGOTIATION OF THE CREDIT BY SELLERS , THE VALIDITY OF THE LETTER OF CREDIT SHALL REMAIN VALID AT LEAST 15 DAYS AFTER THE LAST DAY OF SHIPMENT IN USA</td></tr>
<tr><td colspan="4">GENTLEMEN: YOU ARE AUTHORIZED TO VALUE ON US BY DRAWING DRAFTS AT 30 DAYS AFTER SIGHT FOR 110% OF INVOICE VALUE ACCOMPANIED BY THE FOLLOWING DOCUMENTS:
1. DETAILED COMMERCIAL INVOICE IN QUADRUPLICATE
2. PACKING LIST IN TRIPLICATE SHOWING ITEM AND WEIGHT
3. CERTIFICATE OF ORIGIN IN DUPLICATE STATING THE IMPORTING COUNTRY AS ARGENTINA DULY SIGNED BY CHAMBER OF COMMERCE
4. FULL SET OF CLEAN ON BOARD OCEAN BILLS OF LADING ISSUED BY COSCO AND MADE OUT TO ORDER OF SHIPPER AND ENDORSED IN BLANK MARKED PREIGHT PREPAID NOTIFY APPLICANT
5. INSURANCE CERTIFICATE COVERING ALL RISKS FOR 110% INVOICE VALUE SUBJECTED TO THE OCEAN MARINE CARGO CLAUSE OF THE P.I.C.C. DATED 1/1/1981
6. BENEFICIARY'S DECLARATION STATING THAT ONE COMPLETE SET OF NON-NEGOTIATIABLE SHIPING DOCUMENTS SENT DIRECTLY TO THE OPENER BY EXPRESS AIRMAIL WITHIN 2 DAYS AFTER SHIPMENT
SHIPPING TERMS: CIFC5 PHILADELPHIA
SHIPPING MARKS: B.S.P./ 928/ PHILADELPHIA
COVERING: SEVEN ITEMS STAINLESS STEEL SEAMLESS TUBE AS PER S/C NO.: 2000WRT427 DD: 30-APRIL-2019</td></tr>
<tr><td>FROM: SHANGHAI
TO : NEW YORK</td><td colspan="2">PARTIAL SHIPMENT: ALLOWED
TRANSHIPMENT: ALLOWED</td><td>LATEST DATE OF SHIPMENT : 31-MAY- 2019</td></tr>
<tr><td colspan="4">SPECIAL INSTRUCTIONS:
ALL CHARGES OUTSIDE OPENING BANK ARE FOR ACCOUNT OF BENEFICIARY
ALL DOCUMENTS PRESENTED FOR NEGOTIATION SHALL BEAR THE NO. OF THIS CREDIT AND THE NAME OF ISSUING BANK</td></tr>
</table>

续表

Except so far as otherwise expressly stated , this documentary credit is subject to the "Uniform Custom and Practice for Documentary Credits" 2007 Revision International Chamber of Commerce Publication No.600
WE HEREBY AGREE WITH THE DRAWERS, ENDORSERS AND BONA-FIDE HOLDERS OF DRAFTS DRAWN UNDER AND IN COMPLIANCE WITH THE TERMS OF THE CREDIT THAT SUCH DRAFTS , IF DRAWN AND NEGOTIATED WITHIN THE VALIDITY OF THIS CREDIT , SHALL BE DULY HONORED IN DUE PRESENTATION AND DELIVERY OF DOCUMENTS AS SPECIFIED
ADVISING BANK NOTIFICATION: THE CENTER BANK OF PHILADELPHIA PLACE , DATE , NAME AND SIGNATURE OF THE ADVISING BANK

经审核，信用证存在的问题如下：

____

____

____

____

____

____

____

项目二

备货及制作有关单证

项目引领

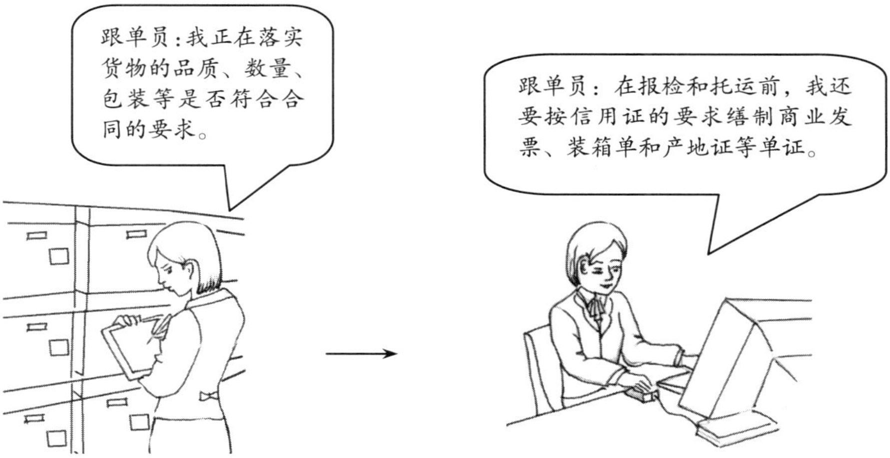

出口方落实信用证后，开始进入出口备货阶段，即组织向工厂订货、包装和刷唛，然后是制备基本文件，为报检和托运做好准备。

项目目标

技能目标：

1. 能够读懂外贸合同和信用证中有关商业发票、包装单证和原产地证明书的条款。

2. 能够根据信用证、合同及具体交易情况正确缮制商业发票、装箱单和原产地证明书。

3. 能够准确计算拟出运货物的毛重、净重和尺码。

知识目标：

1. 了解出口备货工作的主要内容。
2. 熟悉商业发票、装箱单和原产地证明书的含义及作用。

业务流程

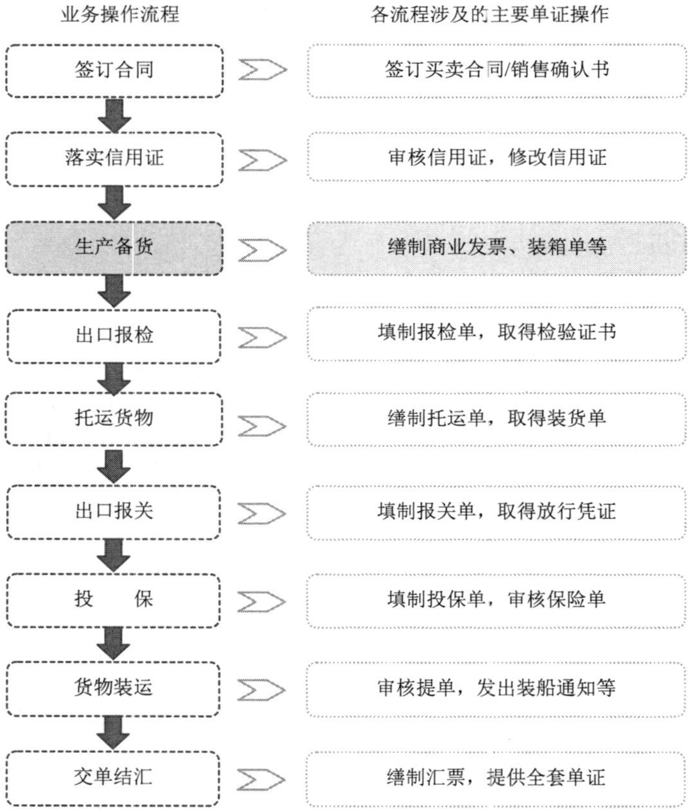

任务一　缮制商业发票

职业情境

2019年1月28日，美国ATLANTIC TRADING COMPANY按照合同（见表1-1）规定开出了以华南运动用品进出口有限公司为受益人的编号是2019020658NBA的信用证（见表1-3）。单证员陈小宁在审证确认无误后，马上通知公司的同事按照合同规定组织向工厂订货，并着手安排报检、订舱等事宜。3 月 2 日，陈小宁在核对货物的品质、数量、包装及唛头后，开始缮制商业发票。

任务要求

请以陈小宁的身份，根据合同、信用证及具体交易情况完成商业发票的缮制。

知识准备

一、备货

信用证支付方式的 CIF 出口合同履行程序概括起来可分为货（备货、报检）、证（催证、审证、改证）、船（租船订舱、办理托运手续）、款（制单结汇）四个基本环节。其中，备货工作是履行合同的基础。

备货工作的内容主要包括根据合同和信用证的规定，按时、按质、按量准备好应交货物，以保证按时出运。此时，单证员需要严格按照出口合同和信用证条款制作商业发票、装箱单等单证，以便在办理出口报检和出口托运业务时提交。

二、商业发票的含义及作用

1. 商业发票的含义

商业发票（Commercial Invoice）简称发票，它是卖方（出口人）向买方（进口人）开列的发货价目清单，是买卖双方交接货物和结算货款的主要单证，也是进出口报关交税的总说明。商业发票反映了一笔交易的全貌，内容包括品名、品质、规格、数量、价格和金额等。

资料卡

其他常见发票的种类

（1）海关发票（Customs Invoice）：根据某些进口国海关的规定，由出口商填制的一种特定格式的发票，进口商凭此向海关办理进口报关、规格纳税等手续。

（2）领事发票（Consular Invoice）：根据某些国家的法令规定，进口货物必须领取进口国驻出口国的领事签证的发票，这种发票就是领事发票。

（3）形式发票（Proforma Invoice，P/I）：又称预开发票，是指出口商应进口商的要求，发出一份包括货物的名称、规格、数量、成交价格及方式等内容的非正式的参考性发票，供进口商向其本国贸易管理当局或外汇管理当局申请进口许可或批汇之用。

2. 商业发票的作用

商业发票是进出口结汇单证中最重要的单证之一，是全套出口单证的核心，是出口人缮制其他出口单证的依据，其作用主要有以下几点。

（1）发票是买卖双方发生交易的合法证明文件，是货运单证的中心单证，是装运货物的总说明。

（2）发票是买卖双方收付货款和财务记账的重要依据。

（3）发票是买卖双方办理进出口报关并缴纳相关税费的重要依据。

（4）发票是卖方申请有关出口证件（如产地证、出口许可证等）的依据。

（5）发票是卖方办理货物出口托运、货运保险、出口核销、出口退税必须提交的文件之一。

（6）在不用汇票的情况下，发票可以代替汇票作为付款依据。

三、商业发票的格式及内容

1. 商业发票的格式

商业发票由出口企业自行拟制，无统一格式，但基本栏目大致相同。空白商业发票样单如表2-1所示。

表2-1　空白商业发票样单

Name and Address of Beneficiary（2）

COMMERCIAL INVOICE（1）

To:（3）

Invoice No.:（4）

Date:（5）

S/C No.:（6）

Transport Details:（7）

L/C No.:（8）

Issued by:（9）

Marks & Numbers（10）	Description of Goods（11）	Quantity（12）	Unit Price（13）	Amount（14）

续表

Total Amount:（15） （17） Signature（16）

2. 商业发票的内容

（1）首文部分。首文部分应列明发票名称、出口商名址、发票号码、发票的出票日期、合同或订单号码，以及装运港、卸货港、发货人、收货人等。这部分一般都是印刷的项目，后面留有的空格必须填写。在信用证支付方式下，首文部分还应列明信用证号码、开证行名称等。

（2）本文部分。发票的本文部分主要包括唛头、商品名称、货物数量、规格、单价、价格条件、总值等内容。

（3）结文部分。结文部分一般包括信用证中要求加注的特别条款或文句，以及出票人签字。

四、商业发票的缮制

缮制商业发票是一项复杂而细致的工作，由于它是缮制其他单证的主要依据，因而保证发票质量是整个制单工作的前提。现根据《UCP600》的规定，参照表 2-1 介绍其缮制规范。

1. 发票名称（Name of Invoice）

"INVOICE"或"COMMERCIAL INVOICE"字样应该用粗字体醒目地打印在发票上方。在信用证项下，为防止单证不符，发票名称应与信用证规定的名称一致。

2. 出票人的名称和地址（Name and Address of Beneficiary）

此栏应填写出口商的名称和地址。在信用证支付方式下，发票必须由信用证中指定的受益人出具（可转让信用证除外）。在托收或汇付的方式下，出口商的名称和地址应该与所签合同上的卖方名称、地址相同。

3. 发票抬头人名称或地址（To…/Messrs）

即进口人，除信用证另有规定外，发票抬头栏应填写开证申请人的名称和地址。信用证中一般表示为"FOR ACCOUNT OF …""TO THE ORDER OF …""TO

Messrs…”。缮制买方公司名称和地址要分两行，名称一般一行打完，不能换行，地址则可合理分行。

4. 发票编号（Invoice No.）

此栏一般由出口企业自行编制。商业发票是全套单证的中心，它的编号可以代表整套单证的编号。

5. 日期（Date）

此栏填写的发票日期应在信用证开证日期或合同签订日期之后、在提单日期和汇票日期之前。

6. 合同号码或订单号（S/C No.）

发票的出具都以销售确认书或合同作为依据，因此必须注明合同号。一笔交易若有多个合同号应分别列出。

7. 运输细节（Transport Details）

此栏填写货物实际的起运港（地）、目的港（地）及运输方式，如“FROM HUANGPU TO OSAKA BY SEA”。如果信用证规定“FROM CHINESE PORT”，缮制发票时要填写具体港口名称，然后再加注“中国”字样。如果货物需经转运，应把转运港的名称表示出来，如“SHIPMENT FROM GUANGZHOU TO OSAKA WITH TRANSSHIPMENT（W/T）AT HK BY SEA”。

8. 信用证的号码（L/C No.）

当采用信用证结算方式时，信用证是出具发票的依据，此栏必须注明信用证号码，否则此栏空白。

9. 开证银行（Issued Bank）

当采用信用证结算方式时，此栏填写开证行，信用证中一般表示为“DRAWN UNDER …”，否则此栏空白。

10. 唛头及件数编号（Marks & Numbers）

此栏应按信用证或合同的规定填写，并与提单、托运单等单证严格一致。如果无唛头，则注明“N/M”或“No Marks”字样。如果合同规定“AS PER SELLER’S OPTION”（由卖方选择），卖方可以自行编写。

动脑筋 请根据合同（见表 1-1）的规定，替卖方设计一个唛头。

11. 货物描述（Description of Goods）

此栏包括货物的品名、规格、等级、颜色等，一般用列表的方式将同类的商品并列集中填写。商业发票中对货物的描述必须与信用证中的描述一致。信用证中一般表示为“COVERING …”“COVERING VALUE OF DESCRIPTION OF GOODS”“COVERING SHIPMENT OF”“SHIPMENT OF GOODS AS THE FOLLOWING”。

在实际业务中，常出现一个发票中有多种货号的货物内容，要求在缮制发票时，格式整齐。每一货号的货物内容和总数排列有序，做到横排是每一货号的货物内容，竖排是各货号货物内容的总和。

12. 数量（Quantity）

此栏填写实际装运的包装件数和数量，并与其他单证相一致。如果货物有各种不同规格，或者不同规格价格不同，则应分别列出各种规格的数量和重量。缮制时注意与左边规格对应整齐，并且在“TOTAL”处要写明总的数量。凡“约”“大概”或类似的词语用于信用证数量时，应理解为交货时数量有不超过 10%的增减幅度。

13. 单价（Unit Price）

此栏是商业发票中一项极为重要的内容，由四个部分组成，即计价货币、计价单位、单位价格金额和贸易术语，如“USD60.00 PER SET CIF TOKYO”。填写此栏时还应注意，本栏内容应与左边一栏的数量对应整齐。

14. 金额（Amount）

此栏应是发票上列明的单价与数量的乘积。

动脑筋 请问发票的总值可以超过信用证规定的最高金额吗？

15. 总值（Total Amount）

此栏包括填写总重量、总包装件数和总价值。其中，总价值一般用大写和小写金额填写，并且大小写金额要一致。例如，小写金额为 USD 123.00，则大写表示为“SAY U.S.DOLLARS ONE HUNDRED AND TWENTY THREE ONLY”。其中，“SAY… ONLY”表示“计……整”，以避免别人篡改。

16. 出票人签章（Signature）

发票的出票人即受益人、出口商，此栏填写的名称必须与信用证规定的受益人名称一致。

动脑筋　请问发票一定要受益人签字吗？

17. 声明文句及其他内容（Declaration and Other Contents）

国外来证常常要求制作发票时加注一些内容，一般将这些内容缮打在“Description of Goods”栏的空白处或签章之前。

例如，缮打声明文句：“WE HEREBY CERTIFY THAT THE CONTENTS OF INVOICE HEREIN ARE TRUE AND CORRECT.”（兹证明发票中的内容正确真实。）

任务实施

角色扮演

根据“职业情境”提供的信息，阅读合同（见表 1-1）、信用证（见表 1-3）及制单参考资料，以单证员陈小宁的身份完成商业发票的缮制。制单参考资料如下。

发票号码：16WLC0178

发票日期：2019 年 3 月 10 日

唛头：ATC/HS2019CJ06/SAN FRANCISCO/NO.1-500

操作示范

商业发票缮制范例如表 2-2 所示。

牛刀小试

以项目一中出现的男士 T 恤衫出口业务为例，根据合同（见表 1-2）、信用证（见表 1-5）和制单参考资料，缮制一份商业发票。制单参考资料如下。

发票号码：B052-863

发票日期：2019 年 4 月 29 日

表 2-2　商业发票缮制范例

HUANAN SPORTS SERIES IMP. & EXP. CO., LTD.
NO.332 TIANHEBEI ROAD, GUANGZHOU, CHINA

COMMERCIAL INVOICE

To: THE ATLANTIC TRADING COMPANY
NO.845 PACIFIC STREET, SAN FRANCISCO
400235, USA

Invoice No.:16WLC0178
Date: MAR.10, 2019
S/C No.: HS2019CJ06

Transport Details: FROM GUANGZHOU, CHINA TO SAN FRANCISCO, USA
L/C No.: 2019020658NBA
Issued by: BANK OF AMERICA, SAN FRANCISCO, USA.

Marks & Numbers	Description of Goods	Quantity	Unit Price	Amount
			CIF SAN FRANCISCO	
ATC	GIRL'S	10 000 PAIRS	USD 20.00	USD 200 000.00
HS2019CJ06	RUNNING			
SAN FRANCISCO	SHOES			
NO.1-500	GIRL'S JACKET	5 000 PCS	USD 18.00	USD 90 000.00
			Total:	USD 290 000.00

Total Amount: SAY U.S. DOLLARS TWO HUNDRED AND NINETY THOUSAND ONLY.

华南运动用品进出口有限公司

HUANAN SPORTS SERIES IMP. & EXP. CO,, LTD.

李 刚

技能比武

一、中英互译题

Column A	Column B
(　　) 1. Commercial Invoice	A. 货物描述
(　　) 2. Amount	B. 单价
(　　) 3. Description of Goods	C. 总额
(　　) 4. Transport Details	D. 目的港
(　　) 5. Port of Destination	E. 运输细节
(　　) 6. Unit Price	F. 商业发票

二、单选题

1．（　　）是结汇单据中最重要的单据，能反映一笔交易的全貌，其他单据以其为缮制依据。

A．产地证书　B．装箱单　C．发票　D．信用证

2．《跟单信用证统一惯例》规定，商业发票的抬头必须以（　　）为抬头。

A．开证行　B．开证申请人　C．指定付款行　D．议付行

3．唛头一般不包括的内容是（　　）。

A．收货人简称或代号　B．参考号

C．件号　D．装运港

4．当 L/C 规定 INVOICE TO BE MADE IN THE NAME OF ABC...，应理解为（　　）。

A．一般写成××（中间商）FOR ACCOUNT OF ABC（实际购货方，真正的付款人）

B．将受益人 ABC 作为发票的抬头人

C．将议付行 ABC 作为发票的抬头

D．将 ABC 作为发票的抬头人

E．除非信用证另有规定，发票金额应与汇票金额一致，且不得超过信用证金额

三、多选题

1．商业发票是（　　）。

A．出口方向进口方开列的发货价目清单

B．买卖双方记账的依据，也是进出口报关交税的总说明

C．结汇单证中最重要的单据，能让有关当事人了解一笔交易的全貌

D．其他单据都以发票为缮制依据

2．商业发票由出口企业自行拟制，无统一格式，但基本栏目大致相同，包括以下几个部分（　　）。

A．信用证介绍

B．首文部分包括发票名称，号码，出票日期、地点，抬头人，合同号，运输线路等

C．本文部分包括货物描述、单价、总金额

D．结文部分包括有关货物产地、包装材料、各种证明、发票制作人签章等

四、判断题

1. 商业发票上的货物描述应详细，与信用证严格一致，不可像其他单据那样使用统称。 （　　）
2. 在商业发票上必须明确显示数量、单价、总值和贸易术语等主要内容。 （　　）
3. 发票上一定要有受益人的签字。 （　　）
4. 发票上的数量、单价和金额可以冠以“大约”（About）或类似的文字。 （　　）
5. 信用证只规定了货物的总称，发票应照样显示外，还可加列详细的货名，并可以与总称不一样。 （　　）

五、实操题

根据买方订单及相关资料缮制形式发票。

Dear Helen,

Documents of 220 rolls received today, thanks.

Pls note our new order:

PVC Strips

1. 200mm × 2mm × 50m transparent normal —120 rolls
2. 200mm × 2mm × 50m transparent normal ribbed —10 rolls
3. 200mm × 3mm × 50m transparent normal — 20 rolls
4. 300mm × 3mm × 50m transparent normal — 30 rolls
5. 300mm × 3mm × 50m transparent normal ribbed — 20 rolls

Pls send proforma invoice so that we can send money.

Best Regards

Nishith

资料：

1. The seller: SHANGHAI LUCKY SAFETY SCREENS CO., LTD
   UNIT C 2/F JINGMAO TOWER, SHANGHAI, CHINA.
2. The buyer: RAM PLASTICS
   201, HAUZ RANI, MALVIYA NAGAR,
   NEW DELHI 110017.INDIA（印度新德里）

3. Proforma invoice No.: LU80518
4. Proforma invoice Date: May 18, 2019
5. S/C No.: LU0805
6. Port of loading and destination: From Shanghai China to Nhava Sheva India
7. Terms of payment: Advanced T/T
8. Shipping Mark:按标准的唛头式样
9. Unit price:

   USD86.00/roll CIF Nhava Sheva for 200mm × 2mm × 50m transparent normal

   USD98.00/roll CIF Nhava Sheva for 200mm × 2mm × 50m transparent normal ribbed

   USD92.00/roll CIF Nhava Sheva for 200mm × 3mm × 50m transparent normal

   USD108.00/roll CIF Nhava Sheva for 300mm × 3mm × 50m transparent normal

   USD116.00/roll CIF Nhava Sheva for 300mm × 3mm × 50m transparent normal ribbed

10. DETAILS OF THE SELLER'S BANK:

    BANK OF CHINA, SHANGHAI BRANCH,

    NO.4 Zhongshan road, Shanghai, P.R.CHINA

    SWIFT CODE: BKCHCNBJ530

    BENEFICIARY: SHANGHAI LUCKY SAFETY SCREENS CO., LTD

    ACCOUNT NO.: 1281 2242012 7091 015

    ADDRESS: UNIT C 2/F JINGMAO TOWER, SHANGHAI, CHINA

<table>
<tr><td>Issuer: （1）</td><td colspan="2">PROFORMA INVOICE</td></tr>
<tr><td>To: （2）</td><td>No.（3）</td><td>Date: （4）</td></tr>
<tr><td rowspan="2">Transport Details: （5）</td><td colspan="2">S/C No.（6）</td></tr>
<tr><td colspan="2">Terms of Payment: （7）</td></tr>
</table>

续表

Marks & Nos.	Description of Goods and Quantity	Unit Price	Amount
（8）	（9）	（10）	（11）

（12）

SHANGHAI LUCKY SAFETY SCREENS CO., LTD

张　力

任务二　缮制装箱单

职业情境

同本项目任务一中的“职业情境”，单证员陈小宁在缮制商业发票的同时，按信用证规定缮制装箱单。

任务要求

请根据合同、信用证及具体交易情况，以单证员的身份完成装箱单的缮制。

知识准备

一、装箱单的含义及作用

1. 装箱单的含义

装箱单（Packing List/Packing Slip）又称包装单、码单，用以说明装箱货物的名称、规格、数量、重量、唛头、箱号和件数，以及包装情况的单证。它是商业发票的补充，也是货运单证中的一项重要单证。装箱单通常与发票同时缮制。

2. 装箱单的作用

（1）装箱单是卖方缮制商业发票及其他单证时计量、计价的基础资料。

（2）装箱单是买方收货时核对数量或重量及销售货物的依据。

（3）装箱单是海关查验货物的凭证。

资料卡

包装单证的种类

包装单证的种类较多，不同商品有不同的包装单证，主要根据买方的要求来确定，但其制作方法、显示内容比较相似。常见的有以下几种。

（1）装箱单（Packing List/Packing Slip）。

（2）重量单（Weight List /Weight Note）。

（3）尺码单（Measurement List）。

二、装箱单的格式及内容

装箱单无固定的格式和内容，一般由出口商根据货物的种类和进口商的要求依照商业发票的大体格式来制作。空白装箱单样单如表 2-3 所示。

表 2-3　空白装箱单样单

Name and Address of the Issuer（2）

PACKING LIST（1）

To:（3）

No.:（4）
Date:（5）
S/C No.:（6）

From（7）　　To（8）

Marks & Nos.（9）	C/No.（10）	Nos.& Kinds of Pkgs（11）	Description of Goods（12）	N.W.(KGS)（14）	G.W.(KGS)（13）	MEAS.(CBM)（15）

Total Packages in Words:（16）

Signature（17）

三、装箱单的缮制

1. 单证名称（Name of Document）

采用信用证收汇时，包装单证的名称应与信用证内规定的名称一致。例如，用英文加粗字体在正中央打印“PACKING LIST”或“WEIGHT LIST”等字样。

2. 出单人的名称和地址（Name and Address of the Issuer）

此栏与相对应的商业发票上的内容一致。注意：名称填写一行，地址另起一行。

资料卡

关于中性包装

如信用证或合同规定要出中性包装（Neutral Packing List）时，单证上不可以显示出口制单方的名称、地址，同时不可显示产地。

3. 抬头（To）

此栏与相对应的商业发票上的内容一致，即收货人的名称和地址。

4. 号码（No.）

此栏一般填写发票号码。

5. 日期（Date）

装箱单的日期通常与发票日期是同一天或晚于发票日期，但不能晚于提单日期。

6. 合同号码（S/C No.）

此栏填写合同编号，注意和信用证中显示的合同编号是一致的。

7. 装运港（From）

此栏填写货物实际的装运港，要与信用证或合同保持一致。如果信用证规定“FROM CHINESE PORT”，缮制商业发票和装箱单时要填写具体港口名称。

8. 卸货港（To）

此栏填写出口货物的卸货港，要与信用证或合同保持一致。如果信用证规定“TO CHINESE PORT”，缮制商业发票和装箱单时要填写具体港口名称。

9. 唛头（Marks & Nos.）

此栏必须与商业发票和提单保持一致。

10. 箱号或件号（C/No.）

此栏填写唛头最后一行中的数字，即 1-up。例如，“文件夹共计 200 箱”，则填写 1-200。

11. 包装件数与种类（Nos. & Kinds of Pkgs）

此栏填写每种货物运输包装的件数和种类，如“10Bags（10 袋）”“20 Drums（20 桶）”；如每种货物数量相加，则要注明合计总件数，如“30 Packages（30 件）”。

12. 货名（Items/Description of Goods）

此栏填写货物的品名，可以与商业发票相同。

动脑筋　请问装箱单中货名的填写一定要与商业发票完全一致吗？

13. 毛重（G.W./Gross Weight）

此栏应填写每个包装件的毛重、小计数及合计数，必须与商业发票、运输单证和产地证的数字相符。

14. 净重（N.W./Net Weight）

此栏应填写每个包装件的净重、小计数及合计数，必须与商业发票、运输单证和产地证的数字相符。

15. 尺码（MEAS./Measurement）

此栏填写每个包装件的单位尺码，同时要注明合计总尺码。

16. 大写总包装件数（Total Packages in Words）

此栏应填写包装数量的大写形式。

动脑筋　为什么装箱单没有单价和总值一栏？

17. 签章（Signature）

如果合同或信用证有要求，则须进行签章，应与商业发票上的签章一致。

动脑筋　请问装箱单一定要签署吗？

任务实施

角色扮演

根据“职业情境”提供的信息，阅读合同（见表1-1）、信用证（见表1-3）及制单参考资料，计算拟出运货物的总毛重、总净重和总尺码，并以单证员陈小宁的身份完成装箱单的缮制。制单参考资料如下。

发票号码：16WLC0178

装箱单日期：2019年3月10日

女式跑步鞋

毛重：14.5千克/箱　　净重：14千克/箱

尺码：60CM×60CM×40CM/箱　　箱号：1-400

女式外套

毛重：16.5千克/箱　　净重：15.5千克/箱

尺码：60CM×50CM×60CM/箱　　　箱号：401-500

唛头：ATC/HS2019CJ06/SAN FRANCISCO/NO.1-500

操作示范

装箱单缮制范例如表 2-4 所示。

表 2-4　装箱单缮制范例

HUANAN SPORTS SERIES IMP. & EXP. CO., LTD.
NO.332 TIANHEBEI ROAD, GUANGZHOU, CHINA

PACKING LIST

To: THE ATLANTIC TRADING COMPANY　　No.: 16WLC0178
NO.845 PACIFIC STREET, SAN FRANCISCO　　Date: MAR. 10, 2019
400235, USA　　S/C No.: HS2019CJ06
From: GUANGZHOU, CHINA　　To: SAN FRANCISCO, USA By vessel

Marks & Nos.	C/No.	Nos.& Kinds of Pkgs	Description of Goods	N.W. (KGS)	G.W. (KGS)	MEAS (CBM)
ATC HS2019CJ06 SAN FRANCISCO	1-400	400CTNS/ 10 000 PAIRS	GIRL'S RUNNING SHOES	5 600.00	5 800.00	57.60
NO.1-500	401-500	100CTNS/ 5 000 PCS	GIRL'S JACKET	1 550.00	1 650.00	18.00
	Total	500CTNS		7 150.00	7 450.00	75.60

TOTAL PACKAGES IN WORDS: SAY FIVE HUNDRED CARTONS ONLY.

华南运动用品进出口有限公司

HUANAN SPORTS SERIES IMP. & EXP. CO., LTD.

李刚

牛刀小试

以项目一中出现的男士 T 恤衫出口业务为例，根据合同（见表 1-2）、信用证（见表 1-5）和制单参考资料，计算出拟出运货物的总毛重、总净重和总尺码，并缮制一份装箱单。制单参考资料如下。

发票号码：B052-863

装箱单日期：2019 年 4 月 29 日

男士 T 恤衫

毛重：3 千克/箱

净重：2.5 千克/箱

尺码：50CM×30CM×60CM/箱

技能比武

一、中英互译题

Column A	Column B
(　　) 1. Packing List	A. 净重
(　　) 2. Measurement	B. 包装件数和种类
(　　) 3. Net Weight	C. 尺码
(　　) 4. Numbers & Kinds of Packages	D. 装箱单
(　　) 5. Gross Weight	E. 总包装件数
(　　) 6. Total Packages	F. 毛重

二、单选题

1. 包装单据一般不显示货物的（　　）。
   A. 单价、总金额　　B. 品名、单价
   C. 件数、品名　　D. 总金额、毛重
2. 以下说法不正确的是（　　）。
   A. 如果信用证规定“TO CHINESE PORT”，缮制商业发票和装箱单时要填写具体港口名称
   B. 如果信用证规定“FROM CHINESE PORT”，缮制商业发票和装箱单时要填写具体港口名称
   C. 装箱单一定要有单价和总值一栏
   D. “Total Packages in Words”一栏应填写包装数量的大写形式

三、多选题

1. 在以下单据中，对商业发票起补充说明作用的有（　　）。
   A. 装箱单　　B. 提单　　C. 尺码单
   D. 重量单　　E. 品质证书
2. 唛头是货物的识别标志，运输企业在装卸或搬运时，根据唛头来识别货物，作为交货清单的商业发票，必须正确显示这一装运标志，唛头一般包括（　　）。
   A. 收货人简标　　B. 合同号、目的港、件号等
   C. 重量、单价等　　D. 体积和总价等

四、判断题

1．在包装单据中，最常使用的是重量单据。　　（　　）

2．对于货物的重量，除了装箱单上应注明毛重、净重，商业发票和原产地证书上可不必标明总的毛重和净重。　　（　　）

五、实操题

根据所给资料缮制商业发票、装箱单。

1．信用证资料

ISSUING BANK	: ASAHI BANK LTD.TOKYO
SEQUENCE OF TOTAL	: 1/1
FORM OF DOC. CREDIT	: IRREVOCABLE
DOC.CREDIT NUMBER	: ABL-AN107
DATE OF ISSUE	: 20190405
EXPIRY DATE	: 20190615 PLACE CHINA
APPLICANT	: ABC CORPORATION, 123 RED FLOWER STREET, OSAKA, JAPAN
BENEFICIARY	: GUANGDONG TEXTILES IMP.AND EXP. WOOLEN KNITWEARS COMPANY LTD. 168 XIAOBEI ROAD GUANGZHOU 510045 CHINA
AMOUNT	: USD 30 300.00 (SAY U.S. DOLLARS THIRTY THOUSAND THREE HUNDRED ONLY.)
AVAILABLE WITH/BY	: ANY BANK BY NEGOTIATION
DRAFTS AT	: DARFTS AT SIGHT FOR FULL INVOICE VALUE
DRAWEE	: ASAHI BANK LTD. TOKYO
PARTIAL SHIPMENTS	: ALLOWED
TRANSSHIPMENT	: ALLOWED
LOADING IN CHARGE	: GUANGZHOU PORT
FOR TRANSPORT TO...	: OSAKA, JAPAN

LATEST DATE OF SHIPMENT : MAY, 23, 2019

DESCRIPTION OF GOODS : LADIES GARMENTS AS PER S/C NO. SH107

PACKING: 10PCS/ CTN

ART NO.	QUANTITY	UNIT PRICE
STYLE NO. AH-04B	1 000 PCS	USD5.50
STYLE NO. ROCOCO	1 000 PCS	USD5.10
STYLE NO. BORODAO	1 000 PCS	USD4.50
STYLE NO. FLORES	1 500 PCS	USD4.80
STYLE NO. PILAR	1 000 PCS	USD4.00
STYLE NO. ROMANTICO	500 PCS	USD8.00

PRICE TERM : CIF OSAKA

DOCUMENTS REQUIRED :……

+ MANUALLY SIGNED COMMERCIAL INVOICE IN 2 COPIES INDICATING
L/C NO. AND CONTRACT NO. CERTIFYING THE CONTENTS IN THIS
INVOICE ARE TRUE AND CORRECT.

+ PACKING LIST IN 2 COPIES ISSUED BY THE BENEFICIARY

+ ORIGINAL GSP FROM A CERTIFICATE OF ORIGIN ON OFFICIAL FORM
ISSUED BY A TRADE AUTHORITY OR GOVERNMENT BODY

……

ADDITIONAL COND. :

1. T. T. REIMBURSEMENT IS PROHIBITED
2. THE GOODS TO BE PACKED IN EXPORT STRONG COLORED CARTONS.
3. SHIPPING MARKS: ITOCHU
   OSAKA
   NO. 1-600

……

2. 补充资料

发票号码：SH-25757

发票日期：2019 年 4 月 20 日

FORM A 号码：GZ8/27685/1007

毛重：15.40KGS/CTN

净重：13.00KGS/CTN

尺码：(60×20×50)CM/CTN

船名：DIEK335 V.007

原产地标准：“P”

集装箱尺码：SOCU1285745/20’
MAKU5879524/20’

提单号码：KFT2582588

提单日期：2019 年 5 月 15 日

3. 制单

（1）商业发票。

<table>
<tr><td colspan="2">Issuer:</td><td colspan="3">商 业 发 票
COMMERCIAL INVOICE</td></tr>
<tr><td colspan="2">To:</td><td colspan="2">Invoice No.:</td><td>Date:</td></tr>
<tr><td colspan="2">Transport Details:</td><td colspan="2">S/C No.:</td><td>L/C No.:</td></tr>
<tr><td>Marks and Numbers</td><td>Description of Goods</td><td>Quantity</td><td>Unit Price</td><td>Amount</td></tr>
<tr><td></td><td></td><td></td><td></td><td></td></tr>
</table>

TOTAL VALUE IN WORDS:

（2）装箱单。

<table>
<tr><td colspan="4">Issuer:</td><td colspan="3">装箱单
PACKING LIST</td></tr>
<tr><td colspan="4" rowspan="2">To:</td><td>Invoice No.:</td><td colspan="2">Date:</td></tr>
<tr><td>S/C No.:</td><td colspan="2">L/C No.:</td></tr>
<tr><td>Marks and Numbers</td><td>C/No.</td><td>Numbers and Kind of Packages; Description of Goods</td><td>Quantity</td><td>G.W. (KGS)</td><td>N.W. (KGS)</td><td>MEAS. (CBM)</td></tr>
<tr><td>Total</td><td></td><td></td><td></td><td></td><td></td><td></td></tr>
</table>

TOTAL PACKAGES IN WORDS:

任务三 缮制原产地证明书

职业情境

同本项目任务一中的“职业情境”，在备货过程中，单证员陈小宁发现信用证里要求出具原产地证明书，于是在确认需要哪种类型的原产地证明书后，就着手缮制相应的文件，并向有关签证机构申请办理原产地证明书。

任务要求

请根据合同、信用证及具体交易情况，以单证员的身份完成原产地证明书的缮制。

知识准备

一、原产地证明书的含义及作用

1. 原产地证明书的含义

原产地证明书（Certificate of Origin，C/O）简称原产地证书或产地证书、产地证，是出口商应进口商的要求而提供的、由出口国政府有关机构签发的一种证明货物原产地和制造地的证明文件。常见的原产地证明书包括一般原产地证书和普惠制原产地证书两种。

（1）一般原产地证书（Certificate of Origin of the People’s Republic of China）简称一般原产地证，又称普通原产地证书，根据实际进口商的需要可以由检验检疫局、中国国际贸易促进会、出口商或生产厂家出具。其中，检验检疫局和中国国际贸易促进会的形式最具有权威性，目的主要是确定货物品质。

（2）普惠制原产地证书（Generalized System of Preferences Certificate of Origin）简称 GSP 产地证，又称 FORM A，是针对向给予我国普惠制关税优惠的 40 个国家出口时需要制作的原产地证书，主要用于申请关税优惠。

2. 原产地证明书的作用

（1）原产地证明书是证明商品内在品质的依据。

（2）原产地证明书是确定税率待遇的依据。

（3）原产地证明书是实施进口额度和进口数量限制的依据。

（4）原产地证明书是控制从特定国家进口货物，确定是否准予放行的依据。

（5）原产地证明书是进行结汇和贸易统计的依据。

资料卡

普惠制的背景知识

（1）普惠制（Generalized System of Preferences，GSP）即普遍优惠制，是一种关税制度，是指发达国家给予发展中国家出口制成品和半制成品（包括某些初级产品）的一种普遍的、非歧视的、非互惠的关税优惠制度。该制度是关贸总协定原则的例外中对发展中国家的一项最重要的差别待遇制度。

（2）目前给予我国普惠制待遇的国家共40个，即欧盟27国（法国、爱尔兰、德国、丹麦、意大利、比利时、荷兰、卢森堡、希腊、西班牙、葡萄牙、奥地利、瑞典、芬兰、捷克、斯洛伐克、波兰、爱沙尼亚、拉脱维亚、斯洛文尼亚、塞浦路斯、立陶宛、马耳他、匈牙利、罗马尼亚、保加利亚、克罗地亚）、联合王国、挪威、瑞士、土耳其、俄罗斯、白俄罗斯、乌克兰、哈萨克斯坦、日本、加拿大、澳大利亚、新西兰和列支敦士登公国。

（3）普惠制减免关税是在最惠国税率的基础上再进行削减或豁免。普惠制关税削减幅度又称普惠制优惠幅度，是普惠制税率与最惠国税率的差额。此优惠幅度是给惠国的进口商最关心的关键点，也是普惠制的核心点。例如，某给惠国进口商进口某项产品时，最惠国税率为10%，普惠制税率为5%，则关税削减幅度为5%，即减半税；若普惠制税率为免税（即“0”，又称零关税），则关税削减幅度为10%。

二、原产地证明书的申请

根据我国有关规定，出口企业最迟于货物出运3天前，持签证机构规定的正本文件，向签证机构申请办理原产地证明书。

三、一般原产地证书的内容及缮制

空白一般原产地证书样单如表2-5所示，共有12项内容，除了证书号（Certificate No.），其余各栏均由出口企业用英文规范打印。

一般原产地证书缮制的基本要点如下。

1. Exporter（出口商名称）

此栏填报出口商的企业全称、详细地址、国家全称。在信用证项下，一般为受益人；在托收项下，一般为托收人。

2. Consignee（收货人名称）

此栏填报本批货物最终目的地收货人名称、地址、国家全称。通常，收货人是外贸合同的买方或信用证规定的提单通知人。

表 2-5　空白一般原产地证书样单

<table>
<tr><td colspan="2">1.Exporter</td><td colspan="3" rowspan="2">Certificate No.

CERTIFICATE OF ORIGIN
OF
THE PEOPLE'S REPUBLIC OF
CHINA</td></tr>
<tr><td colspan="2">2.Consignee</td></tr>
<tr><td colspan="2">3.Means of transport and route</td><td colspan="3" rowspan="2">5.For certifying authority use only</td></tr>
<tr><td colspan="2">4.Country/Region of destination</td></tr>
<tr><td>6.Marks and numbers</td><td>7.Numbers and kinds of packages; description of goods</td><td>8.H.S. code</td><td>9.Quantity or weight</td><td>10.Number and date of invoice</td></tr>
<tr><td colspan="2">11.Declaration by the exporter
The undersigned hereby declares that the above details and statements are correct; that all the goods were produced in China and that they comply with the Rules of Origin of the People's Republic of China.

……………………………………………………
Place and date, signature and stamp of certifying authority</td><td colspan="3">12.Certification
It is hereby certified that the declaration by the exporter is correct.

……………………………………………………
Place and date, signature and stamp of certifying authority</td></tr>
</table>

3. Means of transport and route（运输方式和路线）

此栏填报装运港、目的港、中转港的名称，并说明运输方式。如经转运，应注明转运地。例如，通过海运，由广州经横滨转运至旧金山，填写为“FROM GUANGZHOU TO SAN FRANCISCO VIA YOKOHAMA BY VESSEL”。

4. Country/Region of destination（运抵国/地区）

此栏填报目的港（地）所在国家或地区名称，如“NEW YORK, USA”，不能填写中间商所在国家。

5. For certifying authority use only（供签证机构使用）

此栏供签证机构对后发证书、补发证书、签发副本或其他事项加注声明时使用，证书申领单位应将此栏留空。

6. Marks and numbers（唛头和包装号）

此栏填报的唛头应按照信用证的规定填写，且与发票和提单的同项内容一致。

7. Numbers and kinds of packages; description of goods（商品名称、包装件数和种类）

此栏填报的商品名称应系发票中所描述的货物，但可用与其他单证无矛盾的统称。包装件数和种类分外包装数量及包装种类。需要注意以下几点。

（1）包装件数和种类必须用英文和阿拉伯数字同时表示，如“120 CARTONS (ONE HUNDRED AND TWENTY CARTONS ONLY) WORKING GLOVES”或“ONE HUNDRED AND TWENTY(120) CARTONS ONLY”。

（2）商品名称填完后，在下一行加上“*******”表示结束的符号，以防加填伪造。

（3）有时国外信用证要求在原产地证书上显示信用证号，可加注在此栏结束符号下方。

8. H.S. code（商品编码）

此栏按照商务部和海关总署根据 H.S.分类编制的《中华人民共和国进出口商品的目录对照表》填报实际商品名称和不同商品的编码。

9. Quantity or weight（数量或重量）

此栏依据发票和货运单证的有关毛重、数量、正常计量单位来填报。需要注意以下两点。

（1）若计量单位为重量，应标明毛重和净重。

（2）用规范的计量单位英文词或缩写。

10. Number and date of invoice（发票号码及日期）

此栏填报实际商业发票号码及日期。

11. Declaration by the exporter（出口商声明）

此栏填制申报地点、申报日期。需要注意以下两点。

（1）此栏日期不得早于本证第 10 栏内的商业发票日期。

（2）出口商在此声明栏空白处，由法人或手签人员签字并盖上中英文的公章。

12. Certification（签证机构证明）

签证机构证明已事先印制，签证机构在此加盖签证机构印章，并由授权人签名，两者不能重叠，注明签发地点和签发日期。

四、普惠制原产地证书的内容及缮制

普惠制原产地证书共有 12 项内容，如表 2-6 所示。其中，证书右上角标题栏已显示原产地证书的编号（Certificate No.），在标题横线上方必须填上“中华人民共和国签发”的英文字样，即“Issued in THE PEOPLE’S REPUBLIC OF CHINA”，其余各栏均由出口企业用英文规范打印。

表 2-6 空白普惠制原产地证书样单

<table>
<tr><td colspan="3">1.Goods consigned from (Exporter’s name, address, country)</td><td colspan="3" rowspan="2">Certificate No.
GENERALIZED SYSTEM OF PREFERENCES
CERTIFICATE OF ORIGIN
(combined declaration and certificate)
FORM A
Issued in **THE PEOPLE’S REPUBLIC OF CHINA**
(COUNTRY)
see notes overleaf</td></tr>
<tr><td colspan="3">2.Goods consigned to (Consignee’s name, address, country)</td></tr>
<tr><td colspan="3">3.Means of transport and route (as far as known)</td><td colspan="3">4.For official use</td></tr>
<tr><td>5.Item number</td><td>6.Marks and numbers of packages</td><td>7.Numbers and kinds of packages; description of goods</td><td>8.Origin criterion (see notes overleaf)</td><td>9.Gross weight or other quantity</td><td>10.Number and date of invoice</td></tr>
<tr><td colspan="3">11. Certification
It is hereby certified, on the basis of control carried out, that the declaration by the exporter is correct.
……………………………………………………
Place and date, signature and stamp of certifying authority</td><td colspan="3">12. Declaration by the exporter
The undersigned hereby declares that the above details and statements are correct; that all the goods were produced in
………………………………………………………
(country)
and that they comply with the origin requirements specified for those goods in the generalized system of preferences for goods exported to
………………………………………………………
(importing country)
………………………………………………………
Place and date, signature and stamp of certifying authority</td></tr>
</table>

普惠制原产地证书缮制的基本要点如下。

1. Goods consigned from（出口商名称、地址和国家）

此栏填写信用证的受益人或出口商的详细名称、地址和国家（地区）名称，应与商业发票一致。

2. Goods consigned to（收货人）

此栏应填写实际给惠国的最终收货人的名称、地址和国家（地区）名称，应与商业发票一致。信用证项下的证书，在正常情况下本栏即信用证的开证申请人；托收支付方式下的证书，本栏即合同的买方。

3. Means of transport and route（运输方式和路线）

此栏应填写起运港、目的港、提单签发日和运输方式。如需转运，还应注明转运地。

4. For official use（供官方使用）

此栏由签证机构使用。证书申领单位应将此栏留空，一般情况下该栏不填。

5. Item number（商品顺序编号）

单项商品此栏填写阿拉伯数字“1”，如有多项商品，可以此类推。

6. Marks and numbers of packages（唛头及包装号）

此栏与合同或信用证要求一致。如无唛头，则填“N/M”或“NO MARKS”，此栏不能空白。

7. Numbers and kinds of packages; description of goods（商品名称、包装件数和种类）

此栏包括三个内容：大小写的最大包装件数及商品具体名称。最大包装件数和商品名称中间用“OF”连接，然后在下一行顶格加上表示结束的符号“*******”以防止加填伪造内容。需要注意以下几点。

（1）此栏填写时要顶格。

（2）不用填商标、牌号及货号。

（3）如信用证要求在单证上加注其他内容，如合同号等，可加填在此栏下面空白处。

8. Origin criterion（原产地标准）

此栏是国外海关审核的核心项目。如果货物完全是出口国自产的，不含任何进口成分，则出口到所有给惠国均填写“P”。对于含有进口成分的货物，具体填写内容可参考证书背面的标准。

9. Gross weight or other quantity（毛重或其他数量）

此栏应填写货物的正常计量单位。如果货物以重量计价，则填毛重。

10. Number and date of invoice（发票号码及日期）

此栏的日期必须与正式商业发票一致。其中，月份一律用英文缩写表示，如“OCT.20,2016”。商业发票号码与日期分行填报。

11. Certification（签证机构证明）

签证机构证明已事先印制，内容为：“兹证明出口商的声明是正确无误的，本批货物已由承运人运出。”此栏填写签证的地点和日期，并由商检局签章。此栏日期不得早于商业发票日期（第 10 栏）和申报日期（第 12 栏），而且应早于货物的出运日期（第 3 栏）。

12. Declaration by the exporter（出口商声明）

出口商声明已事先印制，内容大意为“兹由出口商声明以上所列内容正确无误”。此栏须填写四项内容。

（1）用英文填报生产国国别。

（2）用英文填报进口国国别。

（3）申报单位签署，且加盖申报单位公章（正副本均要手签并盖章）。

（4）申报日期、地点。应填写申报的具体日期及城市名、国别。申报日期不得早于商业发票日期（第 10 栏）。

任务实施

角色扮演

根据“职业情境”提供的信息，阅读合同（见表 1-1）、信用证（见表 1-3）及制单参考资料，以单证员陈小宁的身份完成一般原产地证书的缮制。制单参考资料如下。

发票号码：16WLC0178　　　　发票日期：2019 年 3 月 10 日

一般原产地证书号：WJ05E7601

申领日期：2019 年 3 月 17 日　　　　申报员：陈小宁

女式跑步鞋 H.S.编码：6404110000　　　　箱号：1-400

女式外套 H.S.编码：6204320090　　　　箱号：401-500

唛头：ATC/HS2019CJ06/SAN FRANCISCO/NO.1-500

操作示范

一般原产地证书缮制范例如表 2-7 所示。

表 2-7　一般原产地证书缮制范例

1.Exporter HUANAN SPORTS SERIES IMP. & EXP. CO., LTD. NO.332 TIANHEBEI ROAD, GUANGZHOU, CHINA	Certificate No. WJ05E7601 **CERTIFICATE OF ORIGIN OF THE PEOPLE'S REPUBLIC OF CHINA**
2.Consignee THE ATLANTIC TRADING COMPANY NO.845 PACIFIC STREET, SAN FRANCISCO 400235, USA	
3.Means of transport and route FROM GUANGZHOU TO SAN FRANCISCO BY SEA	5.For certifying authority use only
4.Country / Region of destination USA	

6.Marks and numbers	7.Numbers and kinds of packages; description of goods	8.H.S.Code	9.Quantity or weight	10.Number and date of invoice
ATC HS2019CJ06 SAN FRANCISCO NO.1-500	(400) FOUR HUNDRED CARTONS OF GIRL'S RUNNING SHOES (100) ONE HUNDRED CARTONS OF GIRL'S JACKET ******************************	6404110000 6204320090	400CTNS 100CTNS	16WLC0178 MAR.10, 2019

11.Declaration by the exporter The undersigned hereby declares that the above details and statements are correct; that all the goods were produced in China and that they comply with the Rules of Origin of the People's Republic of China.	12.Certification It is hereby certified that the declaration by the exporter is correct.
HUANAN SPORTS SERIES IMPORT & EXPORT CO. LIMITED 华南运动用品进出口有限公司	中国国际贸易促进委员会广州分会（章） CHINA COUNCIL FOR THE PROMOTION
陈小宁（手签）	张同祖（手签）
GUANGZHOU, CHINA　MARS.17,2019	GUANGZHOU, CHINA　MAR.18,2019
-- Place and date, signature and stamp of authorized signatory	-- Place and date, signature and stamp of certifying authority

牛刀小试

以项目一中出现的男士T恤衫出口业务为例，根据合同（见表1-2）、信用证（见表1-5）和制单参考资料，在明确需要哪种类型的原产地证书后，完成该原产地证书的缮制。制单参考资料如下。

发票号码：B052-863

发票日期：2019年4月29日

原产地证书号：RS90E8913

申领日期：2019年5月5日

男士T恤衫H.S.编码：6109100022

技能比武

一、中英互译题

Column A	Column B
（　　）1．H.S code	A．抵运国
（　　）2．Exporter	B．原产地证书
（　　）3．C/O	C．普惠制原产地证书
（　　）4．Form A	D．收货人
（　　）5．Origin criterion	E．运输方式
（　　）6．Consignee	F．出口商
（　　）7．Means of transport	G．商品编码
（　　）8．Country of destination	H．原产地标准

二、单选题

1．在我国，普惠制原产地证书的签发机构是（　　）。

A．贸易促进会　B．检验检疫局　C．海关　D．外贸公司

2．出口企业在办理原产地证书时，必须随附（　　）。

A．发票　B．装箱单　C．报关单　D．汇票

3．如果出口商品完全是出口国自产的，不含任何进口成分，出口到所有给惠国，FORM A中的原产地标准一栏填（　　）。

A．“W”　B．“F”　C．“P”　D．“Y”

4．关于普惠制原产地证书的申报日期，（　　）是不可以的。

A．早于提单日期　　B．早于发票日期

C．迟于发票日期　　D．迟于提单日期

5．普惠制是（　　）对从（　　）输入的商品，特别是制成品和半制成品，普遍给予优惠关税待遇的一种制度。

A．发达国家，发达国家

B．发展中国家（地区），发展中国家（地区）

C．发展中国家（地区），发达国家

D．发达国家，发展中国家（地区）

三、判断题

1．一般原产地证书又称普通原产地证书，出具的目的主要用于申请关税优惠。（　　）

2．普惠制原产地证书的签证日期不得早于发票日期和申报日期，而应早于货物的出运日期。（　　）

3．原产地证书必须显示发货人或出口商的名称。（　　）

四、实操题

根据已知资料指出下列单据中填制错误的地方，并提出修改意见。

1．已知资料（1）

Invoice No.: Y54-601

Invoice Date: 6 APR. 2019

To: CANADA FASHION CO., LTD
362 MADISON STREET VANCOUVER, CANADA

Issued By: DALIAN BIHAI GRAMENT CO., LTD
31 SHANDONG ROAD DALIAN CHINA

Shipping Marks: N/M

Descriptions: BIHAI MEN'S SUIT COLOR：BLUE FABRIC CONTENT：100% WOOL

Quantity: 50 000 PCS/1500 CTNS/1500KGS/10 CBM

2．已知资料（2）

生产厂家：DALIAN XINHONG GARMENT CO., LTD（1365477908）

出口商：DALIAN BIHAI GRAMENT CO., LTD

装运港：DALIAN，CHINA

目的港：VANCOUVER，CANADA

船名航次：GUANGMIN V.168

装船日：2019 年 4 月 20 日

商品 H.S.编码：62052000

3. 已填制的单据

一般原产地证如下。

<table>
<tr><td colspan="2">1.Exporter (full name address and country)
CANADA FASHION CO., LTD
362 MADISON STREET VANCOUVER, CANADA</td><td colspan="3" rowspan="2">Certificate No.

CERTIFICATE OF ORIGIN
OF
THE PEOPLE'S REPUBLIC OF CHINA</td></tr>
<tr><td colspan="2">2.Consignee (full name address and country)
DALIAN BIHAI GRAMENT CO., LTD
31 SHANDONG ROAD DALIAN CHINA</td></tr>
<tr><td colspan="2">3.Means of transport and route
FROM DALIAN，CHINA TO
VANCOUVER，CANADA BY AIR</td><td colspan="3" rowspan="2">5.For certifying authority use only</td></tr>
<tr><td colspan="2">4.Country/region of destination</td></tr>
<tr><td>6.Marks and numbers</td><td>7.Number and kind of packages; description of goods
BIHAI MEN'S SUIT COLOR: BLUE FABRIC CONTEDNT: 100% WOOL</td><td>8.H.S code

62052000</td><td>9.Quantity or weight
G.W.
1500KGS</td><td>10.Number and date of Invoices
Y54-601
6 APR 2019</td></tr>
<tr><td colspan="2">11.Declaration by the exporter
The undersigned hereby declares that the above details and statements are correct; that all the goods were produced in China and that they comply with the rules of origin of the People's Republic of China.

DALIAN BIHAI GRAMENT CO., LTD
ZHANG LIN 出口商申请章
DALIAN APR. 5, 2019
....
Place and date, signature and stamp of certifying authority</td><td colspan="3">12.Certification
It is hereby certified that the declaration by the exporter is correct.

CHINA COUNCIL FOR THE PROMOTION OF INTERNATIONAL TRADE

TANG HAI BO CCPIT 签证章
DALIAN CHINA APR.8, 2019
....
Place and date, signature and stamp of certifying authority</td></tr>
</table>

一般原产地证缮制错误的地方有：

项目三

托运及制作有关单证

项目引领

在 CFR 和 CIF 术语条件下，出口方在备好货物后，必须根据合同或信用证规定的装运时间，及时办理出口货物的运输手续。

项目目标

技能目标：

1. 能够读懂外贸合同和信用证中有关装运的条款。
2. 能够根据合同、信用证及有关资料正确缮制海运出口托运单。

知识目标：

1. 熟悉出口托运的操作流程。
2. 熟悉托运单的含义与内容。

业务流程

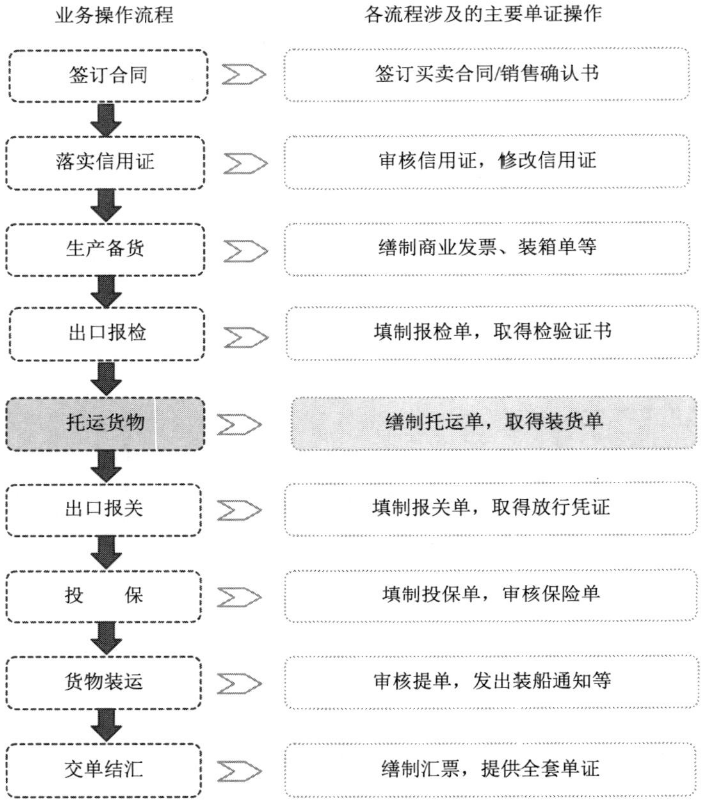

任务　缮制托运单

职业情境

华南运动用品进出口有限公司的单证员陈小宁与生产厂家联系得知交货期后，致电联系一直有业务往来的新东方国际货运代理公司，委托其代为办理租船订舱。为了按时办理托运手续，陈小宁必须及时缮制托运单。

任务要求

请根据合同（见表 1-1）、信用证（见表 1-3）及有关资料，以单证员陈小宁的身份缮制出口货物托运单。

知识准备

一、托运及托运单的含义

托运是指出口方将货物委托承运人代为送至进口方或其代理人处时办理的委托承运手续。

如果出口货物数量较大，或者到达的地方缺乏有效航线，货主可以洽租整船甚至多船来装运，这就是“租船”。如果出口货物数量不大，而且可以有相应合适的航线，则可以通过货运代理公司租赁部分舱位来装运，这就是“订舱”。

海洋运输有两种方式：传统散货运输和现代集装箱运输。两种运输方式分别使用不同格式的托运单。

托运单（Booking Note）也称订舱委托书，是发货人委托外运公司向船公司办理货物托运的委托文件，同时也是船公司或承运人凭以制作并签发提单的重要文件。承运人根据托运单的内容，结合船舶的航线、挂靠港、船期和舱位等条件进行考虑，认为合适后，即接受托运。

二、出口托运的操作流程

出口托运的操作流程如图 3-1 所示。

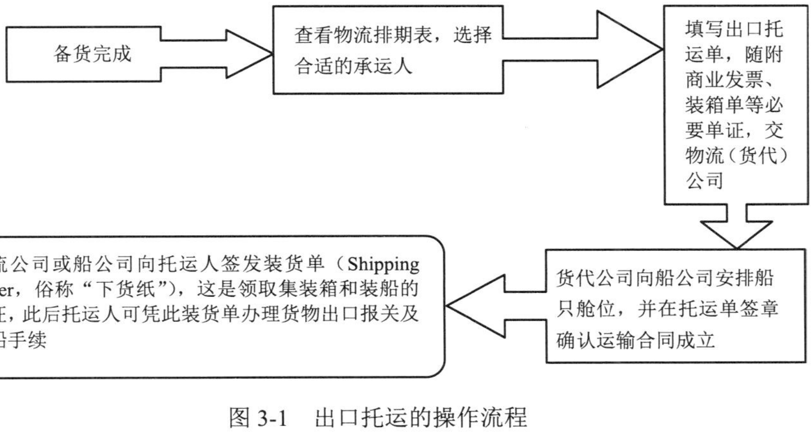

图 3-1　出口托运的操作流程

资料卡

什么是装货单

装货单（Shipping Order，S/O）俗称“下货纸”，是船公司签发给托运人的用以命令船长将承运的货物装船的单证。它既能用作装船的依据，又是货主用以向海关办理出口货物申报手续的主要单证之一。对托运人来讲，它是办妥货物托运的证明。对船公司或其代理来讲，它是通知船方接受装运该批货物的指示文件。在国际货物运输中，装货单一经签发，运输合同即告成立。

资料卡

货物托运与旅游订机票的类比

为了更好地理解货物托运，现把货物托运与平常的旅游订机票进行一个类比。例如，小陈要去某地旅游，他找到旅行社订机票，这时，旅行社就是航空公司的代理，相当于前面提到的货代。旅行社把小陈的出行要求记录下来的那张纸就相当于托运单。之后，旅行社会根据小陈的要求选择适当的航线和航班，订好座位后，航空公司就会出机票给旅行社，这张机票就相当于货运上的装货单。小陈要上飞机就得凭机票才能过安检、过海关，然后凭以登机。坐飞机的时候航空公司会根据机票安排座位。

在整个订机票的过程中，机票签发前是旅行社和小陈在交易；机票一旦签发，就转变成小陈和航空公司之间的合同关系了。

三、托运单的内容及缮制

托运单无固定格式，一般由各家公司自行设计。但是无论怎么设计里面的基本栏目大体相同，包括收货人与被通知人、货物说明、装运条件、相关事项和备注内容五大板块，基本与运输公司出具的提单相对应。空白海运出口托运单样单如表3-1所示。

海运出口托运单中的装运数据均来自商业发票和装箱单，其缮制的基本要点如下。

1. 托运人（Shipper）

对于物流行业，托运人就是把货物交托给运输公司的人，也就是我们生活中说的发货人。此栏在非信用证交易方式下一般填写出口合同的卖方，在信用证支付方式下应与受益人的名称、地址一致。

表 3-1　空白海运出口托运单样单

<table>
<tr><td colspan="10">海运出口托运单
SHIPPING LETTER OF INSTRUCTION</td></tr>
<tr><td colspan="10">托运人 Shipper:（1）</td></tr>
<tr><td colspan="10">编号 No.:（2）　　船名 S/S:（3）　　目的港 For:（4）</td></tr>
<tr><td rowspan="2">标记及号码
Marks & Nos.
（5）</td><td rowspan="2">件数
Quantity（6）</td><td colspan="3" rowspan="2">货名
Description of Goods
（7）</td><td colspan="5">重量千克 Weight Kilos（8）</td></tr>
<tr><td colspan="3">净重 Net</td><td colspan="2">毛重 Gross</td></tr>
<tr><td></td><td></td><td colspan="3"></td><td colspan="5">运费付款方式 Method of Freight Payment（9）</td></tr>
<tr><td colspan="10">共计件数（大写）Total Number of Packages in Writing（10）</td></tr>
<tr><td colspan="2">运费计算 Freight</td><td colspan="8">尺码 Measurement（11）</td></tr>
<tr><td colspan="10">备注 Remarks</td></tr>
<tr><td colspan="3">收货人 Consignee（12）</td><td colspan="4">可否转船 Whether Transshipment Allowed（13）</td><td colspan="3">可否分批 Whether Partial Shipment Allowed（13）</td></tr>
<tr><td colspan="3">通知 Notice（14）</td><td>装运期 Period of Shipment（15）</td><td colspan="5">有效期 Period of Validity（15）</td><td>提单份数 No. of B/L（16）</td></tr>
<tr><td colspan="3">配货要求 Requirements（17）</td><td colspan="3">银行编号 Bank No.</td><td colspan="4">信用证号 L/C No.（18）</td></tr>
</table>

2. 编号（No.）

编号即委托书的编号。每个具有进出口权的托运人都有一个托运代号（通常也是商业发票号），以便查核和进行财务结算。

3. 船名（S/S）

船名可留给船方安排船只舱位后填写。如果托运人有指定船只也会在这里填写明确船名。

4. 目的港（For）

此栏填写的名称须明确具体，并与信用证描述一致。如有同名港，必须在港口名称后注明国家、地区或州、城市。

5. 标记及号码（Marks & Nos.）

标记及号码又称唛头，此栏应按合同或信用证规定的内容和形式填写。如没有规定，可由出口商自己编制。没有唛头则填“N/M”。

6. 件数（Quantity）

此栏按最大包装实际件数填写，应与唛头中的件数一致。若货物有若干种类且采用不同包装方式和材料，应分别填写每种货物的最大包装件数，并注明总件数。

例如，有 1 000 件货物，每 50 件一箱，一共是 20 箱，这样的话就应该在这里填写“20 CARTONS”，然后为了更清晰可以加注“1 000PCS”。

7. 货物名称（Description of Goods）

此栏应根据货物的实际名称，用中、英文两种文字填写，更重要的是要与信用证所列货名相符。

8. 重量千克（Weight Kilos）

重量的单位为千克，分为货物总毛重和总净重。作为运输方一般都不去核对单件货物重量，他们关心的是总共收到多少货物。其中，最重要的是毛重，因为运输费都是按照毛重来计算的。

动脑筋　如果手头只有货物的单件重量，如何填写“重量”一栏？

9. 运费付款方式（Method of Freight Payment）

一般有运费预付（Freight Prepaid）和运费到付（Freight Collect）两大种类，有的称为运费已付和运费未付，意思都一样。在实际工作中对方可能会问“运费这边给还是那边给？”有的转运货物，一程运费预付，二程运费到付，要分别注明。通常，单证员只要留意合同中的贸易术语就知道怎么填写了。例如，FOB 合同填写“FREIGHT COLLECT”，而 CFR 和 CIF 合同则应该填写“FREIGHT PREPAID”。

10. 共计件数（大写）（Total Number of Packages in Writing）

这里说的件数和前面说的一样都是最大包装实际件数，这里是为了确保正确，多加了用文字标注。与填写金额大写一样，这里要注意前后用“SAY…ONLY”夹住，要留意写包装单位。

11. 尺码（Measurement）

此栏填写整批货物连包装的体积实数，以立方米为单位。这是计算运费的主要依据之一，计算务求准确。

动脑筋　如果手头只有货物的单件尺码，如何填写“尺码”一栏？

12. 收货人（Consignee）

此栏通常填写变化最多，要根据实际情况来确定。

（1）当使用信用证交易时，须根据信用证中对提单的要求进行填写。当信用证提单项要求中出现“...MADE OUT TO ORDER OF ×××...”时，应该填写为“TO ORDER OF ×××”，意为“具体收货人由×××指定”。当信用证的要求是“TO OUR ORDER”或“TO THE ORDER OF US”等出现第一人称时，应该理解为“TO THE ORDER OF OPENING BANK”，填单时应该填写“TO THE ORDER OF + 开证行名称”，意为“具体收货人由开证行指定”。当信用证没有明确说明或显示为“...MADE OUT TO THE ORDER OF SHIPPER...”或“...MADE OUT TO ORDER...”时，填单时直接填写“TO ORDER”，意为“具体收货人由发货人以后指定”，此类最常用。

（2）当使用非信用证交易时，以合同的约定为准，具体操作同上所述。如果合同没有明确规定，可根据实际情况填写。如果货物不考虑转让，可以直接填写收货方；如果货物有可能转让，可以填写“TO ORDER”，确保主动权掌握在发货人手里。

13. 可否分批/转船（Whether Partial Shipment/Transshipment Allowed）

此栏均应按信用证或合同要求一一注明“允许”还是“不允许”，一般用“ALLOWED”和“NOT ALLOWED”或“PROHIBITED”来表示。

动脑筋　同一船只、同一目的地的同一航次中多次装运货物视为分批吗？

14. 通知（Notify 或 Notice）

此栏填写接受船方发出货到通知的人的名称与地址。通常，如果合同和信用证没有特别通知，此栏填写的是合同的买方，为的是让对方清楚什么时候发货，早做准备。

15. 装运期/有效期（Period of Shipment/Period of Validity）

此栏应根据信用证或合同填写规定的最迟装运期和议付有效期。

16. 提单份数（No. of B/L）

如果没有特别要求，此栏都是要求出具三份。

17. 配货要求（Requirements）

有关的运输条款、订舱、配载信用证或客户有特殊要求的也要一一列明。

18. 信用证号（L/C No.）

此栏如实填写。

资料卡

关于集装箱货物托运单的填写

集装箱货物托运单与散货出口托运单（见表3-1）基本相同。发货人在办理集装箱货物托运时，除应填写与散货出口托运单相似栏目内容外，还应标明托运货物的交接方式，如CY to CY、CFS to CFS等，以及集装箱货物的种类，如普通、冷藏、液体等。填写装运期时，可以等于或早于合同、信用证规定的最迟装运期。

其中，CFS（Container Freight Station）即集装箱货运站，主要用于拼箱；CY（Container Yard）即集装箱堆场，主要用于整箱。班轮公司运输的集装箱货物的交接方式通常是CY to CY。

任务实施

角色扮演

根据“职业情境”提供的信息，阅读合同（见表1-1）、信用证（见表1-3）及制单参考资料，以单证员陈小宁的身份完成托运单的缮制。制单参考资料如下。

发票号码：16WLC0178

毛重：7 450.00千克　　净重：7 150.00千克

体积：75.60立方米　　装箱方式：自送

配载要求：请配APL的船舶

联系人：陈小宁　　电话：86-020-87556686

托运日期：2019年3月12日

唛头：ATC/HS2019CJ06/SAN FRANCISCO/NO.1-500

操作示范

托运单缮制范例如表3-2所示。

表 3-2 托运单缮制范例

<table>
<tr><td colspan="6">海运出口托运单
SHIPPING LETTER OF INSTRUCTION</td></tr>
<tr><td colspan="6">托运人 Shipper: HUANAN SPORTS SERIES IMP. & EXP. CO., LTD.
NO. 332 TIANHEBEI ROAD, GUANGZHOU, CHINA</td></tr>
<tr><td colspan="6">编号 No.:16WLC0178 船名 S/S: 目的港 For: SAN FRANCISCO,USA</td></tr>
<tr><td rowspan="2">标记及号码
Marks & Nos.</td><td rowspan="2">件数
Quantity</td><td rowspan="2">货名
Description of Goods</td><td colspan="3">重量千克 Weight Kilos</td></tr>
<tr><td>净重 Net</td><td colspan="2">毛重 Gross</td></tr>
<tr><td rowspan="2">ATC
HS2019CJ06
SAN FRANCISCO
NO.1-500</td><td rowspan="2">400 CTNS

100 CTNS
………………
TOTAL500 CTNS</td><td rowspan="2">GIRL'S RUNNING SHOES
GIRL'S JACKET</td><td>7 150KGS</td><td colspan="2">7 450KGS</td></tr>
<tr><td colspan="3">运费付款方式
Method of Freight Payment
FREIGHT PREPAID</td></tr>
<tr><td colspan="6">共计件数（大写）Total Number of Packages in Writing
SAY FIVE HUNDRED CARTONS ONLY</td></tr>
<tr><td colspan="2">运费计算 Freight</td><td colspan="4">尺码 Measurement
75.60 CBM</td></tr>
<tr><td colspan="6">备注 Remarks</td></tr>
<tr><td>收货人 Consignee

TO ORDER</td><td colspan="2">可否转船 Whether Transshipment Allowed
NOT ALLOWED</td><td colspan="3">可否分批 Whether Partial Shipment Allowed
NOT ALLOWED</td></tr>
<tr><td colspan="2">通知 Notice
THE ATLANTIC TRADING COMPANY
NO.845 PACIFIC STREET, SAN FRANCISCO 400235, USA</td><td>装运期
Period of Shipment
NOT LATER THAN
MAR. 30,2019</td><td colspan="2">有效期
Period of Validity
APR.20,2019</td><td>提单份数
No. of B/L

THREE</td></tr>
<tr><td colspan="2">配货要求 Requirements
请配 APL 的船舶</td><td>银行编号 Bank No.</td><td colspan="3">信用证号 L/C No.
2019020658NBA</td></tr>
</table>

牛刀小试

以项目一中出现的男士 T 恤衫出口业务为例，根据合同（见表 1-2）、信用证（见表 1-5）和制单参考资料，完成托运单的缮制。制单参考资料如下。

件数：40 箱　　毛重：120 千克

净重：100 千克　　体积：每箱 50CM×30CM×60CM

装箱方式：自送　　配载要求：请配 APL 的船舶

联系人：张敏　　电话：86-020-81289366

托运日期：2019 年 5 月 12 日

技能比武

一、中英互译题

Column A	Column B
(　　) 1. Shipper	A. 运费预付
(　　) 2. S/S	B. 运费付款方式
(　　) 3. Freight Prepaid	C. 凭指示
(　　) 4. Freight Collect	D. 通知
(　　) 5. Method of Freight Payment	E. 船名
(　　) 6. To order	F. 运费到付
(　　) 7. B/L	G. 提单份数
(　　) 8. Notice	H.（信用证）有效期
(　　) 9. No. of B/L	I. 提单
(　　) 10. Period of Validity	J. 托运人

二、单选题

1．出口商安排海运托运的正确顺序为（　　）。

A．备货；确定船期和承运人；办理托运；货代公司确定舱位；托运人获取下货纸；装船；获取提单；向卖方发出《装船通知》

B．备货；办理托运；确定船期和承运人；货代公司确定舱位；托运人获取下货纸；装船；获取提单；向买方发出《装船通知》

C．备货；确定船期和承运人；办理托运；货代公司确定舱位；托运人获取下货纸；装船；获取提单；向买方发出《装船通知》

D．确定船期和承运人；备货；办理托运；获取提单；托运人获取下货纸；货代公司确定舱位；装船；向买方发出《装船通知》

2．A CO.出口一批货物，与国外的B CO.签订合同，这时国外的B CO.委托开证行HSBC BANK开来的信用证中，提单条款中要求FULL SET OF B/L MADE OUT TO OUR ORDER，则托运单的Consignee一栏应填（　　）。

A．TO OUR ORDER　　　　B．TO ORDER

C．B CO.　　　　D．TO ORDER OF HSBC BANK

3．中国香港客商向上海某供应商采购货物，买卖双方约定贸易术语“FOB 香港”，实际被香港客商要求海运至美国纽约，从上海至纽约的运费由香港客商承担。海运托运单上对运费的表示应为（　　）。

A．FREIGHT PREPAID　　　　B．FREIGHT COLLECT

C．FREIGHT PREPAYABLE　　　　D．FREIGHT COLLECTABLE

4．按照有关规定，托运一票货物有不同包装种类，托运单中的件数和包装种类应填写合计总件数，包括合计件数数字和包装种类总称，该包装种类总称用（　　）。

A．CARTONS　B．PIECES　　C．PACKAGES　　D．PALLETS

三、判断题

1. 托运单是日后制作提单的依据，所以信用证下托运单的制作要依据提单条款。（　　）

2．被通知人的职责是及时接受船方发出的到货通知并及时提货。（　　）

3．若信用证中规定装运港为 CHINESE MAIN PORT，则在托运单中的装运港应填 CHINESE MAIN PORT，以保持单证一致。（　　）

4．同一船只在同一航次中多次装运货物时，由于提单表示出不同的装运时间和不同的装运港口，因此可视为分批装运。（　　）

5．合同规定装运时间为 2019 年 6 月/7 月，允许分批装运。卖方在交货时，应在 6 月、7 月，每月各交一批。

四、实操题

根据已知资料缮制托运单。

1．已知资料

ISSUING BANK: NATIONAL BANK, SINGAPORE

L/C NO.: ZJ489　DATE: 190420

EXPIRY DATE: 5 JUL., 2019

BENEFICIARY: ZHEJIANG TEXTTILE IMPORT AND EXPORT CORPORATION

NO. 124 QINGCHUN ROAD HANGZHOU , CHINA

APPLICANT：CHANG LIN HAI COMPANY, LTD. , SINGAPORE

NO.111 AVENUE , SINGAPORE

SHIPMENT: FROM SHANGHAI TO SINGAPORE , NOT LATER THAN 20 JUN., 2019

PARTIAL SHIPMENT: NOT ALLOWED

TRANSSHIPMENT: ALLOWED

DESCRIPTION OF GOODS: 1000 DOZS 100% COTTON SHIRTS

DOCUMENTS REQUIRED:

……

+3/3 CLEAN ON BOARD OCEAN BILLS OF LADING MADE OUT TO ORDER OF SHIPPER BLANK ENDORSED AND MARKED FREIGHT PREPAID AND NOTIFY APPLICANT.

……

PACKING：20DOZS/CTN

GROSS WEIGHT: @14KGS/CTN

NET WEIGHT: @12KGS/CTN

MEASUREMENT: @(50×30×20) CM/CTN

MARKS & NO.S:

CLA

08998

SINGAPORE

补充资料：INVOICE NO.9091

2. 制单

<table>
<tr><td colspan="11">海运出口托运单
SHIPPING LETTER OF INSTRUCTION</td></tr>
<tr><td colspan="11">托运人 Shipper：</td></tr>
<tr><td colspan="3">编号 No.：</td><td colspan="3">船名 S/S：</td><td colspan="5">目的港 For：</td></tr>
<tr><td rowspan="2">标记及号码
Marks & Nos.</td><td colspan="2" rowspan="2">件数
Quantity</td><td colspan="3" rowspan="2">货名
Description of Goods</td><td colspan="5">重量千克 Weight Kilos</td></tr>
<tr><td colspan="4">净重 Net</td><td>毛重 Gross</td></tr>
<tr><td rowspan="2"></td><td colspan="2" rowspan="2"></td><td colspan="3" rowspan="2"></td><td colspan="4"></td><td></td></tr>
<tr><td colspan="5">运费付款方式
Method of Freight Payment</td></tr>
<tr><td colspan="11">共计件数（大写） Total Number of Packages in Writing</td></tr>
<tr><td colspan="5">运费计算 Freight</td><td colspan="6">尺码 Measurement</td></tr>
<tr><td colspan="11">备注 Remarks</td></tr>
<tr><td colspan="2">抬头 ORDER OF</td><td colspan="5">可否转船
Whether Transshipment Allowed</td><td colspan="4">可否分批
Whether Partial Shipment Allowed</td></tr>
<tr><td colspan="4">通知 Notice</td><td colspan="2">装运期 Period of Shipment</td><td colspan="3">有效期 Period of Validity</td><td colspan="2">提单份数 No. of B/L</td></tr>
<tr><td colspan="4">配货要求 Requirements</td><td colspan="4">银行编号 Bank No.</td><td colspan="3">信用证号 L/C No.</td></tr>
</table>

制单日期：

项目四

报检、报关及填制有关单证

项目引领

根据我国相关法律的规定，在备妥货物后，报检员应在报关前向产地商检局预约安排商检，商检通过后，报关员向出口口岸的海关申报通关。

项目目标

技能目标：

1. 能够根据合同、信用证条款与具体交易信息正确填制报检单、报关单。
2. 知道如何查找报关自动化的各种代码表，如《关区代码表》等。

知识目标：

1. 了解报检、报关的基本知识。
2. 熟悉报检、报关的流程。
3. 掌握出境货物报检单和出口货物报关单的填制规范。

业务流程

业务操作流程	各流程涉及的主要单证操作
签订合同	签订买卖合同/销售确认书
落实信用证	审核信用证，修改信用证
生产备货	缮制商业发票、装箱单等
出口报检	填制报检单，取得检验证书
托运货物	缮制托运单，取得装货单
出口报关	填制报关单，取得放行凭证
投　保	填制投保单，审核保险单
货物装运	审核提单，发出装船通知等
交单结汇	缮制汇票，提供全套单证

任务一　填制出境货物报检单

职业情境

确定货物已备妥后，华南运动用品进出口有限公司的单证员陈小宁及时发布了以上信息，协助报检员在报关前根据船期安排提前向商检局预约安排商检，填制出境货物报检单。

任务要求

该批货物于2019年3月12日报检，请根据合同（见表1-1）、信用证（见表1-3）及具体交易情况正确填制出境货物报检单。

知识准备

一、报检的基本知识

1. 报检的含义

报检也称报验，是指进出口商品的收/发货人或其代理人按照法律法规、合同的规定或根据需要，向检验检疫机构申请办理检验、检疫、鉴定工作手续的全过程。

资料卡

关于法定检验

根据《中华人民共和国商品检验法》的规定，凡列入《出入境检验检疫机构实施检验检疫的进出境商品目录》（简称《目录》）内的进出境商品，均须在出口报关前到中华人民共和国出入境检验检疫机构申请商检，进行强制性的检验或检疫。检验合格的货物签发出境货物通关单。

对进出口企业而言，报检最重要的是取得相关部门出具的各种检验检疫合格证书、证明，其作用主要有以下几点。

（1）出入境货物报关验放的重要凭证。

（2）海关征税的依据。

（3）计算运输、仓储等费用的依据。

（4）办理索赔的重要凭证。

（5）买卖双方结算货款的依据。

（6）明确责任的重要凭证。

（7）经济诉讼、仲裁的重要凭证。

2. 出境报检的时限与形式

出境货物最迟应在出口报关或装运前 7 天报检，对于个别检验检疫周期较长的货物，应留有相应的检验检疫时间。须隔离检疫的出境动物在出境前 60 天预报，隔离前 7 天报检。

出境报检以书面报检单和电子报检信息并存的形式进行，必须确保书面报检单和电子报检信息完全一致。

3. 报检的流程

以自理报检为例，出口货物报检的工作流程一般如下。

（1）报检。凡须办理出口检验的商品，发货人在备齐货物后，最迟应在出口报关或装运前 7 天向检验检疫机构报检。报检时应填制商检机构统一印制的出境货物报检单。

（2）检验。检验检疫机构接受出口单位的报检申请后，根据资料对申请检验的商品进行检验和查验。检验主要有两种方式：一是抽样检验，二是到厂检验。

（3）出证。对检验合格的商品，由检验检疫机构签发检验证书。产地与报关地一致的，检验检疫机构还会出具出境货物通关单；不一致的，则在产地商检机构出具出境货物换证凭单，然后到报关地商检机构换取出境货物通关单。

资料卡

关于自理报检与代理报检

自理报检：经所在地出入境检验检疫机构注册登记并取得报检单位代码的外贸相关单位自行办理出入境检验检疫手续。报检时需要填制报检单。

代理报检：经国家质检总局注册登记、取得报检资格的相关单位依法代理其他公司办理出入境检验检疫手续。报检时需提交委托人填制的出入境货物报检委托书。

4. 报检时需要提交的单证

报检时除提交报检单外，一般还需要随附对外贸易合同（销售确认书或函电）、信用证、发票、装箱单等必要的单证副本。出境特殊物品的，还需按法律法规的规定提供其他文件。

二、出境货物报检单的内容及填制

出境货物报检单（见表 4-1）由国家检验检疫部门统一印制。出境货物报检单所列各栏必须填写完整、准确、清晰，不得涂改。没有内容填写的栏目应该填写“***”，不得留空。

出境货物报检单的填制规范如下。

1. *编号

此栏由检验检疫机构报检受理人员编制填写。

2. 报检单位

此栏指向检验检疫机构申报检验、检疫、鉴定业务的单位，报检单应加盖公章。

3. 报检单位登记号

此栏填写报检单位在检验检疫机构的报检注册登记号。

4. 联系人

此栏填写报检员的姓名。

5. 电话

此栏填写报检员的联系电话。

6. *报检日期

此栏由检验检疫机构报检受理人员填写（填写受理报检日期）。

7. 发货人

此栏填写本批货物的贸易合同中的卖方名称或信用证中的受益人名称，如需要出具英文证书的，填写中/英文。

8. 收货人

此栏填写本批出境货物的贸易合同中或信用证中的买方名称，如需要出具英文证书的，填写中/英文。

动脑筋　请问发货人与收货人在外贸合同（信用证）中通常用哪些英语表示?

9. 货物名称

此栏填写贸易合同或发票所列货物名称，一般用中/英文填写。

表4-1 空白出境货物报检单样单

中华人民共和国出入境检验检疫
出境货物报检单

报检单位（加盖公章）：（2） * 编号____（1）____

报检单位登记号：（3） 联系人：（4） 电话：（5） * 报检日期：（6）

发货人（7）	（中文）				
	（外文）				
收货人（8）	（中文）				
	（外文）				
货物名称（中/外文）（9）	H.S.编码（10）	产地（11）	数/重量（12）	货物总值（13）	包装种类及数量（14）
运输工具名称号码（15）		贸易方式（16）		货物存放地点（17）	
合同号（18）		信用证号（19）		用途（20）	
发货日期（21）		输往国家（地区）（22）		许可证/审批号（23）	
起运地（24）		到达口岸（25）		生产单位注册号（26）	
集装箱规格、数量及号码（27）					

合同订立的检验检疫条款或特殊要求（28）	标记及号码（29）	随附单证（画“√”或补填）（30）	
		□合同 □信用证 □发票 □换证凭单 □装箱单 □厂检单	□包装性能结果单 □许可/审批文件

需要证单名称（画“√”或补填）（31）		* 检验检疫费（32）	
□品质证书 __正__副	□植物检疫证书 __正__副	总金额（人民币元）	
□重量证书 __正__副	□熏蒸/消毒证书 __正__副		
□数量证书 __正__副	□出境货物换证凭单	计费人	
□兽医卫生证书 __正__副	□出境货物通关单	收费人	
□健康证书 __正__副	□		
□卫生证书 __正__副	□		
□动物卫生证书 __正__副	□		

报检人郑重声明：（33）	领取证单（34）	
1．本人被授权报检。 2．上列填写内容正确属实，货物无伪造或冒用他人的厂名、标志、认证标志，并承担货物质量责任。 签名：	日期	
	签名	

注：标“*”栏由出入境检验检疫机关填写 ◆国家出入境检验检疫局制 [1-2（2000.1.1）]

10. H.S.编码

此栏填写货物对应的《海关统计商品目录》中的代码。商品编码是 10 位数，有些产品原来是 8 位，在后添加“00”。

动脑筋　如何查找商品的 H.S.编码？

11. 产地

此栏填写货物的出产地，一般填“CHINA”或具体的地名。

12. 数/重量

此栏填写报检货物的数/重量，重量一般以净重填写，如填写毛重或以毛重作净重则需注明。

13. 货物总值

此栏填写商业发票或合同所列货值。

14. 包装种类及数量

此栏填写最大包装数量，与提单上同一栏目一致。

15. 运输工具名称号码

此栏填写货物实际装载的运输工具及其号码，海运的应注明船名。报检时，未能确定运输工具编号的，可只填写运输工具类别，如“BY SEA”或“船舶”。

16. 贸易方式

此栏按照合同填写，如一般贸易、三来一补、边境贸易、进料加工、易货贸易、补偿贸易等贸易方式。

17. 货物存放地点

此栏填写本批货物存放的具体地点位置。

18. 合同号

此栏填写贸易合同的编号。

19. 信用证号

此栏填写本批货物所对应的信用证编号。

20. 用途

此栏根据实际情况，填写如食用、奶用、观赏或演艺、伴侣、实验、药用、饲用、加工等，或者此栏空白。

21. 发货日期

此栏填写预计出口装运日期。

22. 输往国家（地区）

此栏填写贸易合同中买方（进口方）所在国家或地区。

23. 许可证/审批号

对于实行许可制度、审批制度管理的货物，此栏填写该证书的编号，否则此栏空白。

24. 起运地

此栏填写装运本批货物离境的交通工具的起运口岸/地区/城市的名称。

25. 到达口岸

此栏填写装运本批货物离境的交通工具最终抵达目的地（停靠口岸）的名称。

26. 生产单位注册号

此栏一般留空或由检验检疫机构填写。

27. 集装箱规格、数量及号码

此栏填写装载本批货物的集装箱的规格、数量和集装箱号码全称。若集装箱太多，可用附单形式填报。

资料卡

关于集装箱的规格

（1）20尺柜（20'GP）：内容积为5.69米×2.13米×2.18米，配货毛重一般为17.5吨，体积为24～26立方米。

（2）40尺柜（40'GP）：内容积为11.8米×2.13米×2.18米，配货毛重一般为22吨，体积为54立方米。

（3）40尺高柜（40'HQ）：内容积为11.8米×2.13米×2.72米，配货毛重一般为22吨，体积为68立方米。

28. 合同订立的检验检疫条款或特殊要求

如合同、信用证对检验检疫条款有特殊要求的，则填在此栏中，没有则空白。

29. 标记及号码

此栏填写装船唛头，如无则填写“N/M”。标记填写不下时可用附页填报。

30. 随附单证

此栏对于一般的合同、发票、装箱单属于必需的，其他的根据实际情况选取，在对应的框内打“√”。注意：在信用证交易方式下，“信用证”一栏必须选取，而其他方式是根本不存在信用证的，不能多选。

31. 需要证单名称

此栏选取按需要向检验检疫机构出具的证单，在对应的框内打“√”，并应注明所需证单正副本的数量。填写时要根据合同或信用证的要求选取，如果没有规定而多选了会导致费用和手续的增加。此外，还需要注意，报检地如果不在产地，则应选取换证凭单而不是通关单。

32. *检验检疫费

此栏由检验检疫机构计费人员填写。

33. 报检人郑重声明

此栏由报检员手写签名。

34. 领取证单

此栏由报检员在领取证单时填写领证日期并签名。

任务实施

角色扮演

根据“职业情境”提供的信息，阅读合同（见表 1-1）、信用证（见表 1-3）及参考资料，完成出境货物报检单的填制。参考资料如下。

女式跑步鞋 H.S.编码：6404110000

女式外套 H.S.编码：6204320090

唛头：ATC/HS2019CJ06/SAN FRANCISCO/NO.1-500

集装箱规格、数量及号码：3*20’　TMCK9827311

STXP7862112

TMCK9846934

船名和航次：NEW STAR V.38

贸易方式：一般贸易

发货日期：2019 年 3 月 22 日

报检日期：2019 年 3 月 12 日

报检员：王梅　　　　电话：86-020-87556683

报检单位：华南运动用品进出口有限公司（登记号：1401000290）

货物存放地点：广州市中山八路 9 号

起运地：广州

操作示范

出境货物报检单填制范例如表 4-2 所示。

表 4-2　出境货物报检单填制范例

中华人民共和国出入境检验检疫
出境货物报检单

报检单位（加盖公章）：　　　　　　　　　　　　　　　　　　* 编号________

报检单位登记号：1401000290　联系人：王梅　电话：86-020-87556683　* 报检日期：2019.03.12

发货人	（中文）华南运动用品进出口有限公司				
	（外文）HUANAN SPORTS SERIES IMP. & EXP. CO.,LTD.				
收货人	（中文）				
	（外文）THE ATLANTIC TRADING COMPANY				
货物名称(中/外文)	H.S.编码	产地	数/重量	货物总值	包装种类及数量
女式跑步鞋 GIRL'S RUNNING SHOES	6404110000	广州	10 000 双	200 000.00 美元	400 箱
女式外套 GIRL'S JACKET	6204320090		5 000 件	90 000.00 美元	100 箱
运输工具名称号码	NEW STAR V.38	贸易方式	一般贸易	货物存放地点	广州市中山八路 9 号

合同号	HS2019CJ06	信用证号	2019020658NBA	用途	***
发货日期	2019.03.22	输往国家（地区）	美国	许可证/审批号	***
起运地	广州	到达口岸	旧金山	生产单位注册号	***
集装箱规格、数量及号码	3*20'　TMCK9827311　STXP7862112　TMCK9846934				

合同订立的检验检疫条款或特殊要求	标记及号码	随附单证（画“√”或补填）	
***	ATC HS2019CJ06 SAN FRANCISCO NO.1-500	☑合同 ☑信用证 ☑发票 ☐换证凭单 ☑装箱单 ☐厂检单	☐包装性能结果单 ☐许可/审批文件

需要证单名称（画“√”或补填）		* 检验检疫费	
☑品质证书　1 正_副	☐植物检疫证书　_正_副	总金额（人民币元）	
☐重量证书　_正_副	☐熏蒸/消毒证书　_正_副	计费人	
☐数量证书　_正_副	☐出境货物换证凭单	收费人	
☐兽医卫生证书　_正_副	☑出境货物通关单		
☐健康证书　_正_副	☐		
☐卫生证书　_正_副	☐		
☐动物卫生证书　_正_副			

报检人郑重声明：	领取证单	
1．本人被授权报检。	日期	
2．上列填写内容正确属实，货物无伪造或冒用他人的厂名、标志、认证标志，并承担货物质量责任。 签名：　王梅	签名	

注：有“*”栏由出入境检验检疫机关填写　　◆国家出入境检验检疫局制　[1-2（2000.1.1）]

牛刀小试

以项目一中出现的男士 T 恤衫出口业务为例，根据合同（见表 1-2）、信用证（见表 1-5）和参考资料，填制一份出境货物报检单。参考资料如下。

贸易方式：一般贸易

发货日期：2019 年 5 月 24 日

报检日期：2019 年 5 月 2 日

报检员：张丽　　　电话：86-020-83483336

报检单位：LWZ 进出口公司（登记号：1401000538）

集装箱信息： GVBU3202732 *20 拼箱

船名和航次：XINFENG V.188

货物存放地点：广州市站前路 2 号

起运地：广州

技能比武

一、单选题

1．对产地和报关地相一致的出境货物，经检验检疫合格的，出具（　　）。

A．《出境货物通关单》　　B．《出境货物换证凭单》

C．《出境货物换证凭条》　　D．《出境货物不合格通知单》

2．一般出口商品应在出口报关或装运前（　　）天报检。

A．3　　B．5　　C．7　　D．9

3．下列单证中不是在所有出口报检时都要提供的单证是（　　）。

A．信用证　　B．商业发票

C．合同　　D．出境货物报检单

4．对产地和报关地不一致的出境货物，经检验检疫合格的，出具（　　）。

A．《出境货物通关单》　　B．《出境货物换证凭单》

C．《出境货物换证凭条》　　D．《出境货物不合格通知单》

二、多选题

1．一般进出口货物在报检时，应提交的单据是（　　）。

A．贸易合同　　B．商业发票

C．装箱单　　D．工商营业执照

2. 报检所取得的各种检验检疫证书，其主要作用有（　　）。

A. 作为出入境货物报关验放的重要凭证

B. 经济诉讼、仲裁的重要凭证

C. 买卖双方结算货款的依据

D. 计算运输、仓储等费用的依据

E. 买卖双方交接货物的依据

3. 出口货物自理报检的流程包括（　　）环节。

A. 报检　　B. 货物检验

C. 结算费用　　D. 出证

E. 抽检

三、判断题

1. 在国际贸易中，对所有的进出口货物都必须进行检验并出具证书。（　　）

2. 我国现阶段出境报检只有书面报检单的形式。（　　）

3. 对产地和报关地相一致的出境货物，经检验检疫合格的，出具《出境货物换证凭单》。（　　）

四、实操题

根据已知资料填制出境货物报检单。

1. 合同资料

SALES CONTRACT

No.: GB 760125

Date: Oct. 10, 2018

The Buyer: Sunshine Import & Export Corporation, New York，USA

The Seller: Guangzhou Yuehua Industrial & Trade Corporation

This contract is made by and between the Seller and the Buyer, whereby the Seller agrees to sell and the Buyer agrees to buy the under-mentioned goods according to the terms and conditions stipulated below:

（1）

Name of Commodity	Quantity	Unit Price	Total price
TV SET 94CM (Dragon Brand)	200 SETS 200 CTNS	USD700/SET	USD140,000.00

（2）Packing: In Cartons

（3）Port of Loading: HUANGPU PORT, Guangzhou, China

（4）Port of Destination: New York，USA

（5）Shipping Mark: N/ M

（6）Date of shipment: Apr. 10, 2019 / By Vessel

（7）Terms of Payment: Letter of Credit (No.: WE570346)

（8）Documents Required: Certificate of Quality issued by CIQ indicating

（9）CIF New York

2. 已知资料

贸易方式：一般贸易

集装箱信息：40×1 CBHU3202732 （2280KG）

船名和航次：YUEHAI C.280

货物存放地点：水荫路 15 号

货物名称：龙牌电视机　H.S 编码：8415101000 L.M/N

生产厂家：广州番禺电器厂

报检单位：广州粤华工贸公司（报检备案登记号：1401056078）

报关单位：广州粤华工贸公司（广州市海珠中路 52 号，510180，海关注册编号：3109825236，联系电话：83668352）

报检日期：2019 年 4 月 3 日

报关日期：2019 年 4 月 8 日

报检员：王健　　电话：83668355

报关员：何翔

B/L NO. ：HS243638

TOTAL G．WT：8600．000 KGS

TOTAL N，WT：8200．000 KGS

外汇核销单编号：44F639725

运费总额：USD7000

保险费：USD290

3. 填制单据

中华人民共和国出入境检验检疫
出境货物报检单

报检单位（加盖公章）：　　　　　　　　　　　　　　　　　　　　* 编号

报检单位登记号：　　　　　联系人：　　　　电话：　　　　　　* 报检日期：

发货人	（中文）	
	（外文）	
收货人	（中文）	
	（外文）	

货物名称（中/外文）	H. S. 编码	产地	数/重量	货物总值	包装种类及数量

运输工具名称号码		贸易方式		货物存放地点	
合同号		信用证号		用途	
发货日期		输往国家（地区）		许可证/审批号	
起运地		到达口岸		生产单位注册号	
集装箱规格、数量及号码					

合同订立的检验检疫条款或特殊要求	标记及号码	随附单据（画“√”或补填）	
		□合同	□包装性能结果单
		□信用证	□许可/审批文件
		□发票	□
		□换证凭单	□
		□装箱单	□
		□厂检单	□

需要证单名称（画“√”或补填）		* 检验检疫费	
□品质证书　_正_副	□植物检疫证书　_正_副	总金额（人民币元）	
□重量证书　_正_副	□熏蒸/消毒证书　_正_副		
□数量证书　_正_副	□出境货物换证凭单	计费人	
□兽医卫生证书　_正_副	□出境货物通关单	收费人	
□健康证书　_正_副	□		
□卫生证书　_正_副	□		
□动物卫生证书　_正_副			

报检人郑重声明：	领取证单	
1. 本人被授权报检。	日 期	
2. 上列填写内容正确属实，货物无伪造或冒用他人的厂名、标志、认证标志，并承担货物质量责任。 签名：	签 名	

注：有“*”号栏由出入境检验检疫机关　◆国家出入境检验检疫局制　[1-2（2000.1.1）]

任务二　填制出口货物报关单

职业情境

该批货物经检验合格、运抵海关监管区后，根据出口装运日期的要求，华南运动用品进出口有限公司的单证员陈小宁协助公司的报关员向海关申报通关，填制出口货物报关单。

任务要求

在出口装运前，该批货物于 2019 年 3 月 19 日报关，请在此日期前根据合同（见表 1-1）、信用证（见表 1-3）及具体交易情况正确填制出口货物报关单。

知识准备

一、报关的基本知识

1. 报关的含义

报关是指进出口货物收/发货人、进出境运输工具负责人、进出境物品所有人或其代理人向海关办理货物、物品或运输工具进出境手续及相关海关事务的过程，是履行海关进出境手续的必要环节之一。

2. 申报时间与申报方式

进口货物的收货人应当自运输工具申报进境之日起 14 日内申报；出口货物运抵海关监管区后，最迟应在装货的 24 小时以前向海关申报。

目前，我国主要使用电子数据报关单和纸质报关单报关两种申报方式。在采用电子和纸质报关单申报的，一般情况下，海关接受申报的时间以海关接受电子数据报关单申报的日期为准。

资料卡

关于自理报关与代理报关

对于有自主报关权的进出口公司，报关时可自行由公司报关员报关（自理报关），否则要委托有报关资质的公司代为报关（代理报关）。代理报关时需要提交代理报关委托书。

3. 出口报关的流程

出口报关一般分为申报、查验、缴纳关税和签印放行四个步骤。

（1）申报。出口货物的发货人或其代理人在货物装运前，应当如实向海关申报，并交验已填制好的报关单会同发票等相关单证，海关审核各种单证，确认符合规定后接受申报。

（2）查验。海关审核了各种单证接受申报后，货主应在海关规定的时间内将货物运至海关监管区内进行验放或查验。在海关对所查验的货物认为符合要求后，海关开出缴纳税费的通知单。

（3）缴纳关税。海关在审核单证、验货后认为正常的，即通知报关单位照章纳税。

（4）签印放行。口岸海关在接受出口申报后，经审核报关单证、查验实际货物，并依法办理出口税费计征手续后，在装货单上盖章放行，海关的监管行为结束。

4. 出口报关时需要随附的单证

（1）必需单证：发票、装货单或运单、出口收汇核销单、特定减免税证明。

（2）其他单证：装箱清单、配额许可证和其他特殊证件、出境货物通关单、进料加工等登记手册，海关认为必要时应交验的贸易合同、原产地证明书和其他证明。

二、出口货物报关单的内容及填制

进出口货物报关单是由海关总署印制、规定统一格式和填制规范、由进出口货物收/发货人或其代理人填制并向海关提交的申报货物状况、经海关审核签发后生效的法律文书。报关单主要用于确认货物是否真正出口或进口，直接决定了进出口活动的合法性。

报关单的填报必须真实，不得出现差错，更不能伪报、瞒报及虚报。报关单要做到两个相符：一是单证相符，即报关单与合同、信用证、发票、装箱单等相符；二是单货相符，即报关单中所报内容与实际进出口货物情况相符。

出口货物报关单（见表4-3）的填制规范如下。

1. 预录入编号

此栏填写申报单位或预录入单位填制录入的报关单的编号。报关单录入凭单的编号规则由申报单位自行决定。预录入报关单及EDI报关单的预录入编号由接受申报的海关决定编号规则，计算机自动打印。

表 4-3　空白出口货物报关单样单

中华人民共和国海关出口货物报关单

预录入编号：（1）　　　　　　　　　　　　* 海关编号：（2）

出口口岸（3）	备案号（4）	出口日期（5）		申报日期（6）
经营单位（7）	运输方式（8）	运输工具名称（9）		提运单号（10）
发货单位（11）	贸易方式（12）	征免性质（13）		结汇方式（14）
许可证号（15）	运抵国（地区）（16）	指运港（17）		境内货源地（18）
批准文号（19）	成交方式（20）	运费（21）	保费（22）	杂费（23）
合同协议号（24）	件数（25）	包装种类（26）	毛重（千克）（27）	净重（千克）（28）
集装箱号（29）	随附单证（30）		生产厂家（31）	
标记唛码及备注（32）				

项号（33）	商品编号（34）	商品名称、规格型号（35）	数量及单位（36）	最终目的国（地区）（37）	单价（38）	总价（39）	币制（40）	征免（41）

*税费征收情况（42）

录入员（43） 录入单位（44）	兹声明以上申报无讹并承担法律责任	* 海关审单批注及放行日期（签章）（47） 审单　　　审价
报关员	申报单位（签章）（45）	征税　　　统计
单位地址 邮编　　　　电话	填制日期（46）	查验　　　放行

2. *海关编号

此栏填写海关接受申报时给予报关单的编号（一般为9位数码）。此栏为海关填写。

3. 出口口岸

此栏应根据货物实际出口的口岸海关选择填报《关区代码表》中相应的口岸海关名称及代码。

4. 备案号

一般贸易此栏留空，加工贸易则填写海关所发的登记手册等有关备案审批文件的编号。一份报关单只允许填报一个备案号。

5. 出口日期

此栏指所申报货物的运输工具出境日期。申报时免于填报，运输工具办结出境手续后，打印报关单、出口退税证明等时计算机自动生成。

6. 申报日期

此栏填写海关接受出口货物的发货人或其代理人申请办理货物出口手续的日期。

7. 经营单位

经营单位指对外签订并执行进出口贸易合同的中国境内企业或单位。此栏应填报经营单位名称及经营单位编码（10位数）。

8. 运输方式

运输方式指载运货物出境时所使用的运输工具分类（共10类）。此栏应根据实际运输方式并按海关规定的《运输方式代码表》选择填报相应的运输方式。

9. 运输工具名称

此栏填写载运货物出境的运输工具的名称或运输工具编号，内容应与运输部门向海关申报的载货清单所列相应内容一致。一份报关单只允许填报一个运输工具名称。

10. 提运单号

此栏填写出口货物提单或运单的编号。一份报关单只允许填报一个提运单号，一票货物对应多个提运单时应分单填报。

11. 发货单位

此栏填写出口货物在境内的生产或销售单位的中文名称或其海关注册编码。

动脑筋　A 汽车公司（1357138088）委托 B 进出口贸易公司（1359086785）向印度出口一批汽车，其出口货物报关单上的“经营单位”栏与“发货单位”栏应如何填制？

12. 贸易方式（监管方式）

此栏应根据实际情况并按海关规定的《贸易方式代码表》填报相应的贸易方式简称及代码，如“一般贸易 0110”。一份报关单只允许填报一种贸易方式。

13. 征免性质

此栏按照海关核发的征免税证明中批注的征免性质填报，或者根据实际情况按海关规定的《征免性质代码表》填报相应的征免性质简称及代码，如“一般征税 101”。

14. 结汇方式

此栏按海关规定的《结汇方式代码表》填报相应的结汇方式名称或代码，如“信用证（6）”。

15. 许可证号

应申领出口许可证的货物，必须在此栏填报外经贸部及其授权发证机关签发的出口货物许可证的编号，不得为空。非许可证管理商品，本栏空白。一份报关单只允许填报一个许可证号。

16. 运抵国（地区）

此栏应按海关规定的《国别（地区）代码表》选择填报相应的运抵国（地区）中文名称或代码。无实际出境的，本栏填报“中国”（代码“142”）。

17. 指运港

此栏填写出口货物运往境外的最终目的港，按海关规定的《港口航线代码表》选择填报相应的港口中文名称或代码，如“伦敦（2052）”。无实际出境的，本栏填报“中国境内”（代码“0142”）。

18. 境内货源地

此栏填写出口货物在国内的产地或原始发货地，按海关规定的《国内地区代码表》选择填报相应的国内地区名称或代码，如“杭州（33019）”。

19. 批准文号

此栏填写出口收汇核销单编号。

20. 成交方式

此栏应根据实际成交价格条款按海关规定的《成交方式代码表》选择填报相应

的成交方式或代码，如“CIF（1）”。无实际出境的，填报“FOB（6）”。

21. 运费

此栏填写成交价格中含有的国际运输费用的金额和货币代码，同时注明运费标记。可按运费单价、总价、运费率三种方式之一填报。运费标记“1”表示运费率，“2”表示每吨货物的运费单价，“3”表示运费总价。

动脑筋 某企业一笔出口业务的运费为每吨115美元，报关单上的“运费”一栏应如何填制？

22. 保费

此栏填写成交价格中所含全部货物国际运输的保险费用的金额和货币代码，同时注明保险费标记。运保费合并计算的，运保费填报在“运费”栏中。如成交价格不含保险费，则此栏空白。此栏可按保险费总价或保险费率两种方式之一填报。保险费标记“1”表示保险费率，“3”表示保险费总价。

23. 杂费

此栏填写成交价格以外的、应计入完税价格或应从完税价格中扣除的费用，如手续费、佣金、回扣等，同时注明杂费标记。此栏可按杂费总价或杂费率两种方式之一填报。填制方式与“保费”同。杂费标记“1”表示杂费率，“3”表示杂费总价。

24. 合同协议号

此栏填报出口货物合同（协议）的全部字母和号码。

25. 件数

此栏填报有外包装的出口货物的实际件数，裸装货物填报“1”。

26. 包装种类

此栏根据出口货物的实际外包装种类按海关规定的《包装种类代码表》选择填报相应的包装种类或代码，如“木箱（CASE）”。

27. 毛重（千克）

此栏填写出口货物的实际毛重，计量单位为千克，不足1千克的填报“1”。

28. 净重（千克）

此栏填写出口货物的实际净重，计量单位为千克，不足1千克的填报“1”。

29. 集装箱号

此栏填写和打印集装箱的箱体信息。填写格式为“集装箱号”+“/”+“规格”+“/”+“自重”。多个集装箱的，第一个集装箱号等信息填报在“集装箱号”栏中，其他依次按相同的格式填在“标记唛码及备注”栏中。非集装箱货物，本栏填报“0”。

动脑筋

根据资料：Marks & Nos. of PKGS Description

TTL: 260CTNS

1*20'CONTAINER NO.: EASU960830

TARE: 2 250

应该如何填制"集装箱号"栏？

30. 随附单证

此栏填写随出口货物报关单一并向海关递交的单证，合同、发票、装箱单、许可证等必备的随附单证不在本栏填报。本栏应按海关规定的《监管证件名称代码表》选择填报相应证件的代码。

31. 生产厂家

此栏填写出口货物的境内生产企业名称。本栏供必要时手工填写。

32. 标记唛码及备注

此栏填写发票唛头中除图形以外的文字、数字。

33. 项号

此栏填写报关单中的商品排列序号，分两行填报及打印。第一行打印报关单中的商品排列序号；第二行专用于加工贸易等已备案的货物，填报和打印该项货物在登记手册中的项号。

34. 商品编号

此栏填写 H.S.编码，按《中华人民共和国海关统计商品目录》中所列明的编号填写，不同商品编号与项号对齐。加工贸易登记手册中商品编号与实际商品编号不符的，应按实际商品编号填报。

35. 商品名称、规格型号

此栏分两行填报及打印。第一行打印出口货物规范的中文商品名称，第二行打印规格型号，必要时可加注原文。

36. 数量及单位

此栏填写出口商品的实际数量及计量单位。

37. 最终目的国（地区）

此栏按海关规定的《国别（地区）代码表》填报已知的出口货物的最终实际消费、使用或进一步加工制造国家（地区）的名称或代码。

38. 单价

此栏填写同一项号下出口货物实际成交的商品单位价格。一般按发票单价金额数值填报。无实际成交价格的，本栏填报货值。

39. 总价

此栏填写同一项号下出口货物实际成交的商品总价。一般按发票总价金额数值填报。无实际成交价格的，本栏填报货值。

40. 币制

此栏根据实际成交情况按海关规定的《货币代码表》选择填报相应的货币名称或代码。如《货币代码表》中无实际成交币种，需转换后填报。

41. 征免

此栏指海关对出口货物进行征税、减税、免税或特案处理的实际操作方式。按照海关核发的征免税证明或有关政策规定，填报海关规定的《征减免税方式代码表》中相应的征减免税方式，如“全免3”。加工贸易报关单应根据登记手册中备案的征免规定填报。

42. *税费征收情况

此栏供海关批注出口货物税费征收及减免情况。

43. 录入员

此栏用于预录入和EDI报关单，打印录入人员的姓名。

44. 录入单位

此栏用于预录入和EDI报关单，打印录入的单位名称。

45. 申报单位

此栏盖上申报单位报关专用章。

46. 填制日期

填制日期指报关单的填制日期，预录入和EDI报关单由计算机自动打印。

47. *海关审单批注及放行日期

此栏为海关内部作业时签注的总栏目，由海关关员手工填写在预录入报关单上。其中，“放行”栏填写海关对接受申报的出口货物作出放行决定的日期。

任务实施

角色扮演

根据“职业情境”提供的信息，阅读合同（见表1-1）、信用证（见表1-3）及参考资料，完成出口货物报关单的填制。参考资料如下。

女式跑步鞋 H.S.编码：6404110000

女式外套　 H.S.编码：6204320090

毛重：7 450.00 千克

净重：7 150.00 千克

体积：75.60 立方米

标记及号码：ATC/HS2019CJ06/SAN FRANCISCO/NO.1-500

集装箱规格、数量及号码：3*20’　TMCK9827311　　自重 2 275kg

STXP7862112　　自重 2 275kg

TMCK9846934　　自重 2 275kg

船名和航次：NEW STAR V.38

提运单号：SNT20190322

发货单位：广州新运服饰厂

贸易方式：一般贸易　　征免性质：一般征税

报关日期：2019 年 3 月 19 日

运费：USD5 445.00

保险费：USD1 595.00

出口收汇核销单编号：441257328

华南运动用品进出口有限公司的海关注册编码：4401036988

生产厂家：广州新运服饰厂

报关单位：华南运动用品进出口有限公司（邮编：510610）

报关员：李德　　联系电话：86-020-87556686

操作示范

出口货物报关单填制范例如表 4-4 所示。

表 4-4　出口货物报关单填制范例

中华人民共和国海关出口货物报关单

预录入编号：　　　　　　　　　　　　　　　　　　　　　　　　*海关编号：

出口口岸 广州海关 5100	备案号	出口日期		申报日期 2019.03.19
经营单位 华南运动用品进出口有限公司 4401036988	运输方式 江海运输	运输工具名称 NEW STAR V.38		提运单号 SNT20190322
发货单位 广州新运服饰厂	贸易方式 一般贸易 0110	征免性质 一般征税 101		结汇方式 信用证
许可证号	运抵国（地区） 美国	指运港 旧金山		境内货源地 广州
批准文号 441257328	成交方式 CIF	运费 502/5445/3	保费 502/1595/3	杂费
合同协议号 HS2019CJ06	件数 500 箱	包装种类 纸箱	毛重（千克） 7 450	净重（千克） 7 150
集装箱号 TMCK9827311/20/2275	随附单证		生产厂家 广州新运服饰厂	

标记唛码及备注

ATC　　　　　　　　　　　　STXP7862112/20/2275

HS2019CJ06　　　　　　　　　　TMCK9846934/20/2275

SAN FRANCISCO

NO.1-500

项号	商品编号	商品名称、规格型号	数量及单位	最终目的国（地区）	单价	总价	币制	征免
01	6404110000	女式跑步鞋	10 000 双	美国	20.00	200 000.00	502	照章
02	6204320090	女式外套	5 000 件	美国	18.00	90 000.00	502	照章

*税费征收情况

录入员　录入单位	兹声明以上申报无讹并承担法律责任	* 海关审单批注及放行日期（签章）
报关员　李德	申报单位（签章）	审单　　审价
单位地址　广州市天河北路 332 号		征税　　统计
邮编 510610　电话 86-020-87556686　填制日期 2019.03.19		查验　　放行

牛刀小试

以项目一中出现的男士T恤衫出口业务为例，根据合同（见表1-2）、信用证（见表1-5）和参考资料，填制一份出口货物报关单。参考资料如下。

船名和航次：XINFENG V.188

提运单号：COS20190524

发货单位：广州飞扬服饰有限公司

贸易方式：一般贸易

征免性质：一般征税

报关日期：2019年5月20日

运费：USD316.00

保险费：USD62.92

集装箱信息：GVBU3202732*20*1　自重2 275kg　拼箱

出口收汇核销单编号：442527337

LWZ进出口公司的海关注册编码：3301028542

生产厂家：广州飞扬服饰有限公司

报关单位：LWZ进出口公司（邮编：510180）

报关员：何欢　　联系电话：86-020-83483335

技能比武

一、单选题

1．在实际业务中，只有在（　　）时，出口商才需要提交出口收汇核销单。

A．报关　　B．报检

C．议付　　D．申领出口许可证

2．根据《中华人民共和国海关法》的规定，进口货物的收货人向海关申报的时限是（　　）。

A．自运输工具申报进境之日起7日内

B．自运输工具申报进境之日起10日内

C．自运输工具申报进境之日起14日内

D．自运输工具申报进境之日起15日内

3．（　　）是海关接受申报时给予报关单的编号。

A．预录入编号　　B．海关编号

C．备案号　　D．项号

4．报关单备注栏目应该选（　　）。

A．机电产品进口配额证明

B．《登记手册》编号

C．付汇赊销单编号

D．三资企业委托代理进出口业务的委托单位全称

5．申报日期是指（　　）。

A．向海关提交电子数据报关单的日期

B．向海关提交纸质报关单的日期

C．申报数据被海关接受的日期

D．海关放行日期

6．某服装进出口公司自日本进口一批工作服，在向海关申报时，其报关单“贸易方式”栏应填报为（　　）。

A．一般贸易　　B．货样广告品

C．货样广告品A　　D．货样广告品B

7．出口货物的报关时间应是（　　）。

A．备货前　　B．装船前

C．装船后　　D．货到目的港后

二、多选题

1．一般进出口货物在向海关申报时，应提交的单据有（　　）。

A．贸易合同　　B．商业发票

C．装箱单　　D．工商营业执照

2．我国《海关法》规定的出口报关申报形式包括（　　）。

A．纸质报关单　　B．电子数据报关单

C．口头形式　　D．默示方式

E．直接提交货物

3．一般出口货物的报关流程由（　　）环节组成。

A．出口申报　　B．货物查验

C．结算费用　　D．缴纳税费

E．直接提交货物

三、判断题

1. 一般进出口货物报关程序由进出口申报、配合查验、缴纳税费、提取或装运货物四个环节构成。（　　）
2. 对于一般进出口货物来说，海关放行意味着全部海关手续已经全部办结。（　　）
3. 在采用电子和纸质报关单申报的，一般情况下，海关接受申报的时间以海关接受纸质报关单申报的日期为准。（　　）
4. 一份报关单可以填报多个许可证号。（　　）
5. 报关单的填报要做到两个相符：一是单证相符；二是单货相符。（　　）

四、实操题

根据已知资料填制出口货物报关单。

1. 已知资料（1）

广州海天服装有限公司于2019年12月20日出口一批羽绒服，该公司在2019年12月13日自理报检，2019年12月18日向广州海关申报出口（自理报关）。

中韩合资广州海天服装有限公司(2115930064)

GUANGZHOUHAITIAN GARMENT CO.,LTD

INVOICE No.: HT01A18　　　CONTRACT NO.: 1911113

For　Account &Risk of Messrs: WAN DO APPAREL CO.,LTD 550-17,YANGCHUN-GU,SEOUL, KOREA Notify party: SAME AS ABOVE SHIPMENT:GUANGZHOU TO INCHON KOREA（韩国仁川港） Carrier: DAIN/412E	Remarks: 该公司在一般贸易合同1611113项下出口男、女羽绒短上衣，外汇核销单号:215157750 Terms of Payment: DOCUMENTS AGAINST ACCEPTANCE

Marks & Num of PKGS	Description	Q'ty /Unit	Unit-price	Amount
			FOB GUANGZHOU CHINA	
TTL:260CTNS	LADY'SJUMPER	1 300PCS	USD100	USD130 000
	MAN'S JUMPER	1 300PCS	USD100	USD130 000

TOTAL: USD260 000

Signed by:

2. 已知资料（2）

中韩合资广州海天服装有限公司(2115930064)

GUANGZHOU HAITIAN GARMENT CO.,LTD

PACKING LIST Ivo No.:HT01A18

For Account & Risk of Messrs:

WAN DO APPAREL CO.,LTD

550-17,YANGCHUN-GU,SEOUL,KOREA（韩国首尔）

Date:

Notify party:

B/L No.:DAINE431338

SAME AS ABOVE

SHIPMENT:GUANGZHOU TO INCHON KOREA

Carrier: DAIN/412E

Marks & Num of PKGS	Description	Q'ty	Net-weight	Gross-weight	Measurement
TTL:260CTNS	LADY'S JUMPER	1 300PCS		2 600KGS	
1X20'CONTAINER	MAN'S JUMPER	1 300PCS		3 380KGS	
NO.:EASU9608490					
（2280KG）					
	TOTAL:260CTNS(2,600PCS)				

Signed by:

3. 已知资料（3）

广州海天服装有限公司地址：广州市环市东路54号（510260）

电话：020-8339187

报检备案登记号：1402047298

唛头：N/ M

男羽绒短上衣H.S编码：6201921000

女羽绒短上衣H.S编码：6202921000

生产厂家：广州花都万里羽绒服厂

报关员：张强

报检员：杨阳 电话：83391877

货物存放地点：广州花都新华创业路3号

4. 制单

中华人民共和国海关出口货物报关单

预录入编号： *海关编号：

出口口岸	备案号	出口日期		申报日期
经营单位	运输方式	运输工具名称		提运单号
发货单位	贸易方式	征免性质		结汇方式
许可证号	运抵国（地区）	指运港		境内货源地
批准文号	成交方式	运费	保费	杂费
合同协议号	件数	包装种类	毛重（千克）	净重（千克）
集装箱号	随附单据		生产厂家	
标记唛码及备注				

项号	商品编号	商品名称、规格型号	数量及单位	最终目的国（地区）	单价	总价	币制	征免

*税费征收情况		
录入员 录入单位	兹声明以上申报无讹并承担法律责任	*海关审单批注及放行日期（签章）
报关员 申报单位（签章）		审单 审价
单位地址		征税 统计
邮编 电话 填制日期		查验 放行

项目五

投保及审核保险单

项目引领

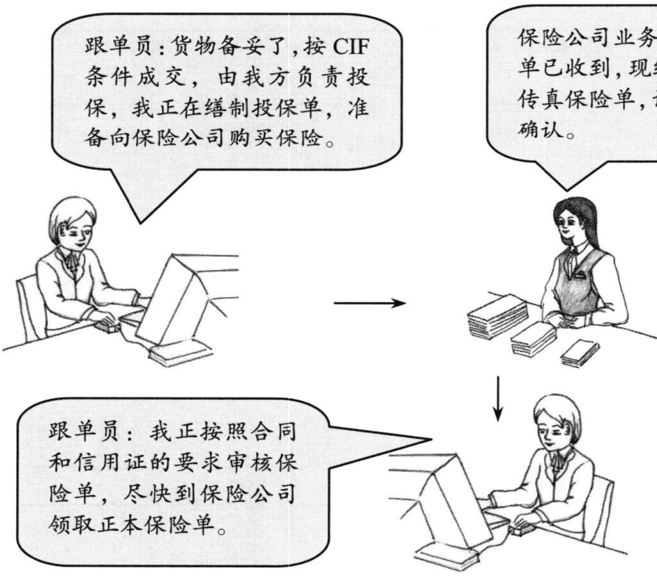

在 CIF 成交条件下，出口方办理货物运输保险手续可以与办理报检、报关手续同时进行，但是必须在货物装运前办妥。

项目目标

技能目标：

1. 能够读懂外贸合同和信用证中有关保险的条款。

2. 能够熟练计算保险金额和保险费。
3. 能够根据合同、信用证及有关资料填制投保单。
4. 能够根据合同、信用证及有关资料填制（审核）保险单。

知识目标：

1. 了解货物运输保险流程。
2. 熟悉投保单的主要内容。
3. 熟悉保险单的主要内容与作用。

业务流程

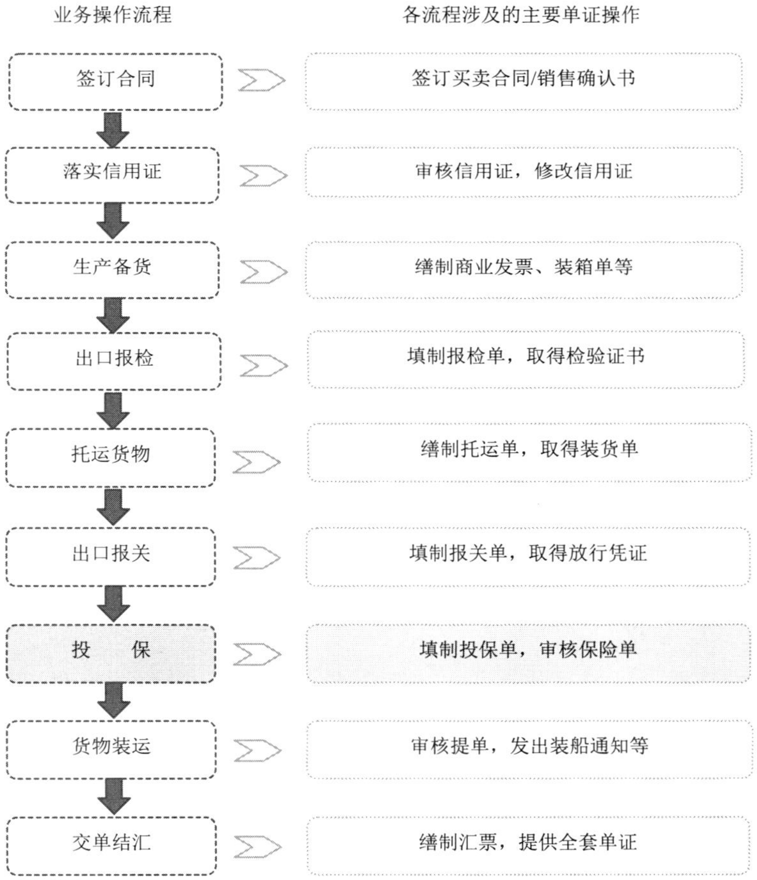

任务一　填制投保单

职业情境

华南运动用品进出口有限公司的单证员陈小宁在办理完租船订舱手续后，即与太平洋保险公司联系。3 月 18 日，陈小宁根据信用证中有关保险条款的规定，填制投保单，办理货物运输保险手续。

任务要求

请以单证员陈小宁的身份根据合同（见表 1-1）、信用证（见表 1-3）及具体交易情况计算该批货物的保险金额和保险费，同时完成投保单的填制。

知识准备

一、货物运输保险流程

在进出口货物运输保险业务中，被保险人通常涉及的工作有：确定保险金额、选择投保险别、填制投保单、交付保险费、领取保险单，以及在货损时办理保险索赔等。图 5-1 是一般国际货物运输保险流程示意图。

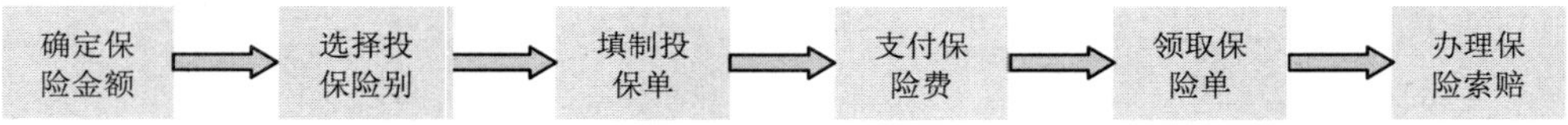

图 5-1　一般国际货物运输保险流程

1. 确定保险金额

保险金额（也称投保金额）是计算保险费的依据，也是发生损失后计算赔款的依据，因此是首先要考虑确定的。按国际保险市场的习惯，一般按照货物发票的 CIF 或 CIP 价格另加 10%的预期利润作为保险金额。如果从单证中不能确定 CIF 或 CIP 价格，保险金额必须基于要求承付或议付的金额，或者基于发票上显示的货物总值来计算，两者之中取金额较高者。

保险金额 ＝CIF（或 CIP）总值 ×（1＋ 投保加成率）

资料卡

FOB、CFR 和 CIF 贸易术语下被保险人的区别

简单来说，FOB 和 CFR 下由进口方投保，被保险人是进口方；而 CIF 下由出口方投保，被保险人是出口方。当然，也不排除在 FOB 下由出口方代理投保，这时被保险人就是出口方。

2. 选择投保险别

保险金额确定后，在具体填制投保单以前要选择投保险别。投保险别选择不当，就会造成货物受损时得不到应有的赔偿，或者因投保了不必要险别而多支出费用。一般来说，选择投保险别时要考虑货物的性质、包装、用途、运输工具、运输路线等问题。图 5-2 是我国海洋运输货物保险险别的中英文对照。

- 基本险
  - 平安险 FPA（free from particular average）
  - 水渍险 WPA（with particular average）
  - 一切险 AR（all risks）
- 附加险
  - 一般附加险
    - 偷窃、提货不着险 risk of theft and non delivery
    - 淡水雨淋险 risk of fresh water or rain damage
    - 短量险 risk of shortage
    - 混杂玷污险 risk of intermixture and contamination
    - 渗漏险 risk of leakage
    - 碰损破碎险 risk of clash and breakage
    - 串味险 risk of odour
    - 受潮受热险 risk of sweating and heating
    - 钩损险 risk of hook damage
    - 包装破裂险 risk of breakage packing
    - 锈损险 risk of rust
  - 特殊附加险
    - 战争险 war risk
    - 罢工险 strike risk
    - 交货不到险 failure to deliver risk
    - 进口关税险 import duty risk
    - 舱面险 on deck risk
    - 拒收险 rejection risk
    - 黄曲霉素险 aflatoxin risk
    - 出口到港后存仓火险 firerisk extension clause of cargo at destination

图 5-2　我国海洋运输货物保险险别的中英文对照

3. 填制投保单

根据保险金额和投保险别，即可填制投保单，上面填明货物名称、保险金额、运输路线、运输工具、起运日期和投保险别等。

4. 支付保险费

保险费是根据保险金额和保险费率算出的。保险费率是在货物损失率、赔付率的基础上，参照国际市场保险费水平并适当照顾贸易需要而确定的。

$$保险费 = 保险金额 \times 保险费率$$

5. 领取保险单

保险单是保险人与被保险人之间的一种合同，它规定了双方之间的权利和义务，是确定赔偿责任的依据。在使用信用证结算的交易中，保险单必须符合信用证中的有关规定。

6. 办理保险索赔

按 CIF 价格成交的货物，卖方虽应负责办理投保手续并支付手续费，但对于货物装运后发生的损失，卖方不负责代替买方向保险公司索赔，一切索赔手续均应由买方自理。买方向保险公司索赔时，应备妥索赔清单，列明索赔金额，并附送有关证件，如保险单、副本提单、发票、检验报告、承运人拒赔信件等。

二、投保单的含义及作用

1. 投保单的含义

货物运输保险投保单（Application Form for Cargo Transportation Insurance）简称投保单，一般是保险公司根据不同险种事先设计内容格式，由投保人根据贸易、运输、货物的实际情况（如采用信用证方式，还需按来证要求）进行填制。

资料卡

办理保险的最佳时间段

从经济和保险的角度统筹，办理保险最适当的时间应该是在开船前两三天到开船后两三天这一时间段。

2. 投保单的作用

投保单是保险公司作为风险衡量、保费计算、合同订立（出保单）的依据。投保单本身并非正式的合同文本，但一经保险人接受后，即成为保险合同的一部分。投保人提出保险要约时，均须填制投保单。如投保单填制的内容不实或故意隐瞒、欺诈，都将影响保险合同的效力。

三、投保单的内容及填制

各保险公司的投保单格式不尽相同，但大体内容一致。空白投保单样单如表 5-1 所示。

填制投保单是一项复杂而细致的工作，由于它是填制保险单证的主要依据，因而如何保证投保单的质量，是保险公司填制保险单证的前提。现参照表 5-1 介绍其填制内容。

1. 保险人（Insurer）

保险人即保险公司名称，一般由各保险公司在投保单中预先印制好。

2. 被保险人（Insured）

被保险人被称为保险单的抬头人，按可保利益的实际有关人填写。FOB、CFR 条件下填写进口商公司规范名称；以 CIF、CIP 条件对外成交时，一般为出口商；若信用证有规定，应按规定；托收方式下，应填写出口商。

3. 发票号码（Invoice No.）

此栏填写对应的商业发票的号码。

4. 标记及号码（Marks & Numbers）

此栏有两种填写方法：一种是直接填写唛头标记，与发票、提单等其他单证上填写的一致；另一种是填写“AS PER INVOICE NO. ×××”，中文意思是“根据发票号码×××”。在实务中，后一种填写方式占绝大多数。

5. 包装与数量（Packing & Quantity）

此栏填写出口货物的包装件数，而不是发票上的计量计价数量。

6. 投保货物项目（Description of Goods）

此栏填写出口货物的名称。根据《UCP600》的要求，货物名称可以用大品名或统称，只要不和信用证或合同上名称矛盾即可。

7. 投保金额（Amount Insured）

此栏按照信用证或合同的要求填写加成后的金额，注意不能忘记货币（与合同金额相同的货币）。

表 5-1　空白投保单样单

太平洋保险 CPIC

中国太平洋财产保险股份有限公司
China Pacific Property Insurance Co.,Ltd.

（1）

货物运输保险投保单

APPLICATION FORM FOR CARGO TRANSPORTATION INSURANCE

投保单编号(NO.)

被保险人 Insured:（2）		组织机构代码:	
地址 Address:		电话/传真 Telephone/Fax:	
发票号码 Invoice No.:（3）			
标记及号码（4） Marks & Numbers	包装与数量（5） Packing & Quantity	投保货物项目（6） Description of Goods	投保金额（7） Amount Insured
起运日期:（8） Slg. on or Abt.	运输工具:（9） Per Conveyance		航次/航班/车号: Voy. No.
运输路线:（10）自 Route　From	经 Via		至 To
投保险别（11）Please Indicate the Conditions &/or Special Coverage 显示保单正本份数（12）Numbers of the Original Policy　（　　）			
费率: Rate	免赔额/率: / Deductible		
赔偿地点:（13） Claim Payable at			
备注:（14） Remarks			
请如实告知下列情况:（如是在[　]中打 √） 1. 货物包装　袋装/箱装[　]　散装/裸装[　]　冷藏[　]　捆扎[　]　罐装[　] 2. 是否为全新货物　是[　]　否[　]　是否为舱面货　是[　]　否[　] 3. 集装箱种类　普通[　]　开顶[　]　框架[　]　平板[　]　冷藏[　] 4. 运输工具　海轮[　]　飞机[　]　火车[　]　汽车[　]　内河船[　]　驳船[　] 5. 船舶资料　船级__________　建造年月__________			
保险人（保险公司）提示: 请您仔细阅读保险条款，尤其是黑体字标注部分的条款内容，并听取保险公司业务人员的说明，如对保险公司业务人员的说明不明白或有异议的，请在填写本投保单之前向保险公司业务人员进行询问，如未询问，视同已经对条款内容完全理解并无异议。			
投保人声明: 投保人及被保险人兹声明所填上述内容（包括投保单及投保附件）属实。 本人已经收悉并仔细阅读保险条款，尤其是黑体字部分的条款内容，并对保险公司就保险条款内容的说明和提示完全理解，没有异议，申请投保。 投保人签章:（15）　　投保日期:（16）　年　月　日			
以下内容由保险公司填写			
协议编号[　　]　代理点编号[　　]　客户代码[　　]　共保信息[　　] 回分情况[　　]　最低保费[　　]　结算币种[　　]　经办人[　　]			

动脑筋　如果信用证对投保金额未作规定，应如何确定投保金额？如果从单证中不能确定 CIF 或 CIP 价格，应如何确定投保金额？

8. 起运日期（Slg. on or Abt.）

此栏有两种填写方法：一种是直接填写装运日期；另一种，因为投保是在货物装运之前，尚不知货物装运日期，所以普遍采用的方法是填写“AS PER B/L”，中文意思是“根据提单”。

需要注意的是，如果货物不是采用船舶运输出口的，则不能这样填写，而要填写实际的飞机或火车、卡车的起运日期。

9. 运输工具（Per Conveyance）及航次/航班/车号（Voy. No.）

运输工具及航次/航班/车号要与运输单证一致，可填写船名航次、飞机航班号、火车车次等内容。海运方式下可填写“AS PER B/L”，中文意思是“根据提单”。

如果投保时已经知道船名航次、飞机航班号或火车车次，就可以填写上去。例如，海运出口，船名是 ZHENGHUA，航次是 007，就填写“S.S.ZHENGHUA　V.007”。

10. 运输路线（Route）

此栏有三项内容：起运港（地）（From）、中转港（地）（Via）和目的港（地）（To）。如果货物是直达的，中转港（地）（Via）就留空不填，只填写起运港（地）（From）和目的港（地）（To）；如果货物是经过中转的，则三项内容都要填写。

需要注意的是，这三项内容必须与提单上显示的一致。

11. 投保险别（Please Indicate the Conditions & /or Special Coverage）

此栏按照信用证或合同的要求填写，如“COVERING ALL RISKS AS PER OCEAN MARINE CARGO CLAUSES（1981.1.1）OF THE PICC”。

12. 显示保单正本份数（Numbers of the Original Policy）

正本份数按照信用证规定填写。如来证规定“INSURANCE POLICY IN DUPLICATE”，此栏对应填英文“TWO”或阿拉伯数字“2”。

13. 赔偿地点（Claim Payable at）

一般情况下，此栏填写货物的目的港（地）。如果信用证或合同有特别的要求，如要求填写进口国，保险公司也可以照办。有时候，信用证或合同会要求在此处显示万一货物出险，保险公司赔偿货款的货币，英文是“IN THE SAME CURRENCY OF THE DRAFTS”，出口商须在此栏内明示，保险公司是能够照办的。

资料卡

承保责任的起讫期限

仓至仓条款（W/W CLAUSE）

一般保险公司负“仓至仓”责任，自被保险货物运离保险单所载明的起运地仓库或储存处所开始运输时生效，包括正常运输过程中的海上、陆上、内河和驳船运输在内，直至该项货物到达保险单所载明目的地收货人的最后仓库或储存处所，或者被保险人用作分配、分派或非正常运输的其他储存处所为止。如未抵达上述仓库或储存处所，则以被保险货物在最后卸载港全部卸离海轮后满60天为止。如在上述60天内被保险货物需转运到非保险单所载明的目的地时，则以该项货物开始转运时终止。

应注意的是：

（1）当按CIF条件成交时，是由卖方办理投保的，其适用于仓至仓条款。

（2）当按FOB或CFR条件成交时，是由买方办理投保的，则不适用于仓至仓条款，保险公司只负责货物越过船舷后，直到抵达目的港收货人的最后仓库为止的风险。

动脑筋　保险人承保的风险区间范围是什么？

14. 备注（Remarks）

此栏一般情况下可以留空，如果信用证或合同规定要在保险单上显示什么内容，则要填写在此栏内。

15. 投保人签章（Signature by Applicant）

此栏由出口商盖章。

16. 投保日期（Date）

此栏日期应该早于提单日期，但在发票日期之后。在实务中，也可和发票日期同一天，或者和提单日期同一天。保险公司一般把投保日期作为保险单的出单日期。

四、填制投保单应注意的事项

投保单是投保人向保险公司提出投保的书面申请，其内容是保险公司填制保险单证的依据，投保人在填制投保单时应注意以下事项。

（1）正确填写被保险人的名称、地址。

（2）投保单对货物描述一定要准确，应与信用证或合同相符。

（3）必须将投保金额货币做成与信用证相同货币。

（4）如果信用证对投保金额未作规定，投保金额须至少为货物发票的 CIF 或 CIP 价格的 110%。如果从单证中不能确定 CIF 或 CIP 价格，投保金额必须基于要求承付或议付的金额，或者基于发票上显示的货物总值来计算，两者之中取金额较高者。

任务实施

角色扮演

根据“职业情境”提供的信息，阅读合同（见表 1-1）、信用证（见表 1-3）及参考资料，以单证员陈小宁的身份计算该批货物的保险金额和保险费，并完成投保单的填制。参考资料如下。

已知运至美国的一般货物一切险加战争险的保险费率为 0.50%。

发票号码：16WLC0178　　发票日期：2019 年 3 月 10 日

唛头：ATC/HS2019CJ06/SAN FRANCISCO/NO.1-500

船名和航次：NEW STAR V.38

起运日期：2019 年 3 月 22 日

投保日期：2019 年 3 月 18 日

操作示范

保险金额=CIF 发票金额×（1+投保加成率）=290 000.00×110% = USD319 000.00

保险费=保险金额×保险费率=319 000.00×0.50%=USD1 595.00

投保单填制范例如表 5-2 所示。

表 5-2　投保单填制范例

太平洋保险 CPIC　　中国太平洋财产保险股份有限公司 China Pacific Property Insurance Co.,Ltd.

货物运输保险投保单

APPLICATION FORM FOR CARGO TRANSPORTATION INSURANCE

投保单编号(NO.)

被保险人 Insured: HUANAN SPORTS SERIES IMP. & EXP. CO., LTD.			组织机构代码：
地址 Address:NO.332 TIANHEBEI ROAD,GUANGZHOU, CHINA			电话/传真 Telephone/Fax: TEL.: 86-020-87556686 FAX: 86-020-87556687
发票号码 Invoice No.:16WLC0178			
标记及号码 Marks & Numbers	包装与数量 Packing & Quantity	投保货物项目 Description of Goods	投保金额 Amount Insured
ATC HS2019CJ06 SAN FRANCISCO NO.1-500	500 CARTONS	GIRL'S RUNNING SHOES GIRL'S JACKET	USD319 000.00
起运日期： Slg. on or Abt. MAR. 22, 2019	运输工具： Per Conveyance S.S. NEW STAR		航次/航班/车号： Voy. No. V.38
运输路线：自 Route From GUANGZHOU, CHINA	经 Via	至 To SAN FRANCISCO, USA	
投保险别 Please Indicate the Conditions &/or Special Coverage COVERING ALL RISKS AND WAR RISK AS PER CIC CLAUSE. 显示保单正本份数 Numbers of the Original Policy （THREE）			
费率： Rate	免赔额/率：/ Deductible		
赔偿地点： Claim Payable at SAN FRANCISCO, USA IN USD			
备注： Remarks			
请如实告知下列情况：（如是在[ ]中打 √） 1．货物包装　袋装/箱装[√]　散装/裸装[ ]　冷藏[ ]　捆扎[ ]　罐装[ ] 2．是否为全新货物　是[√]　否[ ]　是否为舱面货　是[ ] 否[ ] 3．集装箱种类　普通[ ]　开顶[ ]　框架[ ]　平板[ ]　冷藏[ ] 4．运输工具　海轮[√]　飞机[ ]　火车[ ]　汽车[ ]　内河船[ ]　驳船[ ] 5．船舶资料　船级____________　建造年月_________________			
保险人（保险公司）提示： 请您仔细阅读保险条款，尤其是黑体字标注部分的条款内容，并听取保险公司业务人员的说明，如对保险公司业务人员的说明不明白或有异议的，请在填写本投保单之前向保险公司业务人员进行询问，如未询问，视同已经对条款内容完全理解并无异议。			

续表

投保人声明： 投保人及被保险人兹声明所填上述内容（包括投保单及投保附件）属实。 本人已经收悉并仔细阅读保险条款，尤其是黑体字部分的条款内容，并对保险公司就保险条款内容的说明和提示完全理解，没有异议，申请投保。 投保人签章：HUANAN SPORTS SERIES IMP. & EXP.CO., LTD.　投保日期：2019 年 3 月 18 日
以下内容由保险公司填写
协议编号[　　]　代理点编号[　　]　客户代码[　　]　共保信息[　　] 回分情况[　　]　最低保费[　　]　结算币种[　　]　经办人[　　]

牛刀小试

以项目一中出现的男士 T 恤衫出口业务为例，根据合同（见表 1-2）、信用证（见表 1-5）和参考资料计算该批货物的保险金额和保险费，并填制一份投保单。参考资料如下。

已知运至美国的一般货物一切险加战争险和罢工险的保险费率为 0.50%。

发票号码：B052-863　　　发票日期：2019 年 4 月 29 日

船名和航次：XINFENG V.188

起运日期：2019 年 5 月 24 日

投保日期：2019 年 5 月 22 日

技能比武

一、中英互译题

Column A	Column B
（　　）1．Invoice Value	A．一切险
（　　）2．Insured	B．发票金额
（　　）3．ALL RISKS	C．被保险人
（　　）4．WAR RISKS	D．一式两份
（　　）5．Induplicate	E．包装与数量
（　　）6．Packing & Quantity	F．战争险

二、单选题

1. 买卖双方以 CIF LONDON 成交，买方来证规定按照发票金额 USD120 000.00

加一成投保，那么保险单中的保险金额应填写（　　）。

A．USD120 000.00　　B．USD132 000.00

C．USD12 000.00　　D．USD130 000.00

2．发票价值中含有佣金和折扣时，保险单上的保险金额（　　）。

A．含有佣金按净额　　B．含有折扣按净额

C．都按毛额　　D．都按净额

3．我方按CIF条件成交出口一批货物，卖方投保时，按（　　）投保是合理的。

A．平安险+水渍险　　B．一切险+偷窃提货不着险

C．平安险+一切险　　D．水渍险+偷窃提货不着险

4．如信用证没有特别规定，按惯例，保险金额一般是发票金额的（　　）。

A．10%　　B．120%　　C．110%　　D．20%

5．按照我国《海洋货物运输保险条款》的规定，（　　）不属于海洋货物运输保险中的基本险。

A．ALL RISKS　　B．FPA

C．WPA　　D．SRCC

三、多选题

1．以下属于一切险所承保的责任范围的是（　　）。

A．淡水雨淋险　　B．钩损险

C．拒收险　　D．渗漏险

2．中国保险条款中属于一般附加险别的有（　　）。

A．淡水、雨淋险　　B．短量险

C．钩损险　　D．黄曲霉素险

E．拒收险

3．我国海运货物保险条款中，适用“仓至仓条款”的险别是（　　）。

A．WAR RISKS　　B．STRIKE RISK

C．FPA　　D．WPA

E．ALL RISKS

四、判断题

1．在国际贸易中，外贸公司向保险公司投保了一切险后，在运输途中由于任何

外来原因所造成的一切损失，均由保险公司负责赔偿。 ( )

2. 按 CIF 价格成交货物，卖方虽应负责办理投保手续并支付手续费，但对于货物装运后发生的损失，卖方不负责代替买方向保险公司索赔，一切索赔手续均应由买方自理。 ( )

3. 按照我国现行的《海洋货物运输保险条款》的规定，保险公司对于海运战争险的保险责任起讫适用于仓至仓条款。 ( )

五、实操题

阅读下列投保单，回答相关问题。

中国平安 专业·价值 PING AN OF CHINA

中国平安财产保险股份有限公司

PING AN PROPERTY & CASUALTY INSURANCE COMPANY OF CHINA,LTD

货 物 运 输 险 投 保 单

APPLICATION FOR TRANSPORTATION INSURANCE

被保险人 Insured: **SHANGHAI CHEMICALS IMPORT & EXPORT CORPORATION**

本投保单由投保人如实填写并签章后作为向本公司投保货物运输保险的依据，本投保单为该货物运输保险单的组成部分。

The Applicant is required to fill in the following items in good faith and as detailed as possible, and affix signature to this application, which shall be treated as proof of application to the Company for cargo transportation insurance and constitute an integral part of the insurance policy covering cargo.

兹拟向中国平安财产保险股份有限公司投保下列货物运输保险: Herein apply to the Company for Transportation Insurance of following cargo: 品名 Name Of Commodity:**LADIES SLIPPERS** 唛头 Shipping Marks: **NO MARKS** 数量 Quantity:**200CARTONS(2000PAIRS)** 请将保险货物项目、标记、数量及包装注明此上。 Please state items, marks, quantity and packing of cargo insured here above.	请将投保的险别及条件注明如下: Please state risks insured against and conditions: **COVERING ALL RISKS AS PER OCEAN MARINE CARGO CLAUSES OF THE PEOPLE'S INSURANCE COMPANY OF CHINA, DATED JANUARY 1,1981.**

续表

装载运输工具（船名/车号）：　船龄：　集装箱运输：是□ 否□　整船运输：是□ 否□ Per Conveyance:　Age of Vessel　Container Load　Yes　No　Full Vessel Charter Yes　No **RED STAR V123**
发票或提单号 **INVOICE NO:LKU897**　开航日期：**MARCH 3,2020** Invoice No. or B/L No.　Slg. on or abt.　Year　Month　Day
自：　经：　至： From:**SHANGHAI,CHINA**　Via:　To:**SINGAPORE**
发票金额　保险金额 Invoice Value: **USD30,000.00**　Amount Insured: **USD33,000.00**
费率　保险费 Rate: **AS ARRANGED**　Premium:**AS ARRANGED**
备注:合同号 Remarks: **S/C NO: 2020VSG-098H**
投保人兹声明上述所填内容属实，同意以本投保单作为订立保险合同的依据；对贵公司就货物运输险保险条款及附加条款(包括责任免除和投保人及被保险人义务部分)的内容及说明已经了解。 I declare that above is true to the best of my knowledge and belief, and hereby agree that the application be incorporated into the policy. I have read and understand the Company's cargo transportation insurance clauses and extensions(including the Exclusions and the applicant's or insured's Obligations). 投保人签章：　联系地址： Name /Seal of Proposer: Address of Proposer: **NO.110,ZHONGSHAN ROAD,SHANGHAI,CHINA.** **SHANGHAI CHEMICALS IMPORT & EXPORT CORPORATION** 送单地址：　同上　□　或　电话:**021-57654789**　日期: **MARCH 1,2020** Delivery Address: Ditto　or　Tel:　Date:　Year　Month　Day

1．该批货物具体包装方式是什么？

2．该批货物的保险金额是按照发票金额加几成投保的？

3．该投保单投保什么险别？采用了什么保险条款？

4．该批货物运输是否转运？装运港、转运港和目的港的名称分别是什么？

5．一般情况下，赔款地点应该是哪？赔款货币又应该是什么？

任务二　填制（审核）保险单

职业情境

单证员陈小宁把填制好的投保单交给太平洋保险公司后，当天收到保险公司传真过来的保险单，马上进行保险单的审核。

任务要求

审核保险单是否正确的前提是单证员必须会正确填制保险单，清楚保险单各个栏目中的填写内容和要求。请根据投保单（见表 5-2）和其他相关资料，以单证员陈小宁的身份正确填制（审核）保险单。

知识准备

一、保险单的含义及作用

1．保险单的含义

保险单（Insurance Policy）简称保单，是保险人与被保险人订立保险合同的正式书面证明。保险单必须完整地记载保险合同双方当事人的权利、义务及责任。保险单记载的内容是合同双方履行的依据，保险单是保险合同成立的证明。在 CIF、CIP 条件的交易中，保险单是出口商必须向进口商或银行提供的出口单证之一。

2．保险单的作用

（1）保险合同证明。按保险业规定，只要保险人在填制的投保单上签了字，保险合同就成立了。

（2）赔偿证明。保险合同是赔偿合同，在出险时，被保险人可凭保险单要求赔偿。保险单是赔偿权的证明文件。作为一种权利凭证，货物运输保险单可背书转让，但赔偿只是偶然发生的，因此保险单是潜在的利益凭证。

资料卡

保险单证的主要种类

（1）保险单（Insurance Policy）：俗称大保单，是一种承保指定航程货物的完整独立的正式保险合同。

（2）保险凭证（Insurance Certificate）：俗称小保单，它有保险单正面的基本内容，但它没有保险单反面的保险条款，是一种简化的保险合同。

（3）联合保险凭证（Combined Insurance Certificate）：是一种更为简化的保险合同。

（4）预约保险单（Open Policy/Open Cover）：是一种长期的货物保险合同。

（5）保险批单（Endorsedment）：是对原保险单内容的补充、变更。

二、保险单的内容及填制

各保险公司的保险单格式不尽相同，但大体内容一致。空白保险单样单如表 5-3 所示。

保险单是议付的重要单证之一。在保险公司出具正式保险单之前，被保险人必须认真审核保险单，以确保单证的准确和议付的顺利进行。

1. 保险公司名称（Name of Insurance Company）

应根据信用证和合同要求到相应的保险公司去办理保险单证，尤其在信用证支付方式下，如果来证规定“INSURANCE POLICY IN DUPLICATE BY CPIC”，CPIC 即中国太平洋财产保险股份有限公司，信用证要求提交由该公司出具的保险单。

2. 保险单证名称（Name）

此栏按照信用证和合同填写。如果来证规定“INSURANCE POLICY IN DUPLICATE”，即要求出具保险单而非保险凭证（Insurance Certificate）等。

3. 保险单号（Policy No.）

此栏填写保险单号码，由保险公司自行指定号码。

表 5-3　空白保险单样单

太平洋保险 CPIC　（1）

中国太平洋财产保险股份有限公司
China Pacific Property Insurance Co.,Ltd.

全国客户服务电话：**95500**

货物运输保险单

CDAD10004488888　**CARGO TRANSPORTATION**　保险单号(Policy No.):（3）

INSURANCE POLICY（2）

中国太平洋财产保险股份有限公司（以下称承保人）根据被保险人的要求，在被保险人向承保人缴付约定的保险费后，按照本保险单承保险别和背面所载条款与下列特款承保下述货物运输险，特立本保险单。

This policy of Insurance witnesses that China Pacific Property Insurance Company Limited (hereinafter called "The Underwriter"), at the request of the Insured named hereunder and in consideration of the agreed premium paid to the Underwriter by the Insured, undertakes to insure the undermentioned goods in transportation subject to the conditions of this Policy as per the Clauses printed overleaf and other special clauses attached herein.

被保险人(Insured):（4）

标记： Marks & Nos.（5） 发票号码： As per Invoice No.（6）	包装与数量： Quantity（7）	保险货物项目： Description of Goods（8）	保险金额： Amount Insured（9）
总保险金额： Total Amount Insured（10）			
费率： Rate（11）	保费： Premium（12）		免赔额/率： Deductible/Franchise（13）
开航日期： Slg. on or Abt.（14）		装载运输工具： Per Conveyance S.S.（15）	
运输路线：自 Route（16）From	经 By	至 To	
承保险别： Conditions（17）			（22）

所保货物，如遇出险，本公司凭第一正本保险单及其他有关证件给付赔款；如发生本保险单项下负责赔偿的损失或事故，应立刻通知下述代理人查勘。

Claims, if any, payable on surrender of the first original of the Policy together with other relevant documents. In the event of accident whereby loss or damage may result in a claim under this Policy, immediate notice applying for survey must be given to Agent as mentioned hereunder.

中国太平洋财产保险股份有限公司（20）
CHINA PACIFIC PROPERTY INSURANCE CO., LTD.
广东分公司

授权签发
AUTHORIZED SIGNATUPE________________

Special Conditions:（21）

地址
Address

赔款偿付地点
Claim Payable at（18）________________

电话：
Tel.________________

传真：
Fax________________

核保： Underwriter		制单： Operator		经办： Handler		签发日期： Issuing Date（19）	

4. 被保险人（Insured）

信用证无特殊要求或要求“ENDORSED IN BLANK”，一般填信用证的受益人名称，且出口公司应在保险单背面背书。

资料卡

保险单的抬头

被保险人（Insured）是保险单的抬头，正常情况下应是信用证的受益人。如果信用证规定保单为“TO ORDER OF × × ×BANK”或“IN FAVOR OF × × ×BANK”，填写“受益人名称 + held to order of× × ×bank 或 in favor of xxx bank”；如果信用证要求所有单证以× ×为抬头人，保单中应照录；如果信用证要求中性抬头（“THIRD PARTY”或“IN NEUTRAL FORM”），填写“To whom it may concern”；如果信用证要求保单“MADE OUT TO ORDER AND ENDORSED IN BLANK”，填写“受益人名称+ to order”；如果信用证对保单无特殊规定或只要求“ENDORSED IN BLANK”或“IN ASSIGNABLE/NEGOTIABLE FORM”，填写受益人名称。

5. 标记（Marks & Nos.）

按照信用证规定，此栏填写装运标记，与发票、提单上同一栏目内容相同。如果信用证无特殊规定，可填上“AS PER INVOICE NO.×××”。

6. 发票号码（As per Invoice No.）

此栏填写投保货物商业发票的号码。

7. 包装与数量（Quantity）

此栏填写大包装件数，与提单上同一栏目内容相同。如果是裸装货物，要注明本身件数；煤炭、石油等散装货物，注明净重；有包装但以重量计价的，应把包装重量与计价重量都注上。

8. 保险货物项目（Description of Goods）

此栏填写货物的名称，一般使用统称，即可与提单上名称相同。

动脑筋　“保险货物项目”栏内需要详细写规格吗?

9. 保险金额（Amount Insured）

保险金额应严格按照信用证和合同的要求填写，如信用证和合同无明确规定，一般都以发票金额加一成（即110%的发票金额）填写。保险金额使用的货币应与信用证中的一致，大小写应该一致。保险金额不要小数，出现小数时无论多少一律向上进位。

动脑筋　如果计算出来的保险金额出现小数，应如何处理？

10. 总保险金额（Total Amount Insured）

此栏只需将第 9 栏中的保险金额以大写的形式填入，计价货币也应以全称形式填入。注意：保险金额使用的货币应与信用证中的一致，如“SAY UNITED STATES DOLLARS THREE THOUSAND THREE HUNDRED AND FIFTY-ONE ONLY”。

11. 费率（Rate）

此栏由保险公司填写或已印上“AS ARRANGED”（按约定）字样，无须填写。若信用证要求详细列出，则按来证办理，填上具体金额。

资料卡

关于保险费率

保险费通常占货价的比例为 1%～3%，险别不同，费率不一。水渍险的费率约相当于一切险的 1/2，平安险约相当于 1/3。投保一切险，欧美等发达国家费率可能是 0.5%，亚洲国家是 1.5%，非洲国家则会高达 3%以上。

12. 保费（Premium）

保险公司一般在印制保险单时已在本栏印妥“AS ARRANGED”（按约定）字样，无须填写。若信用证要求详细列出，则按来证办理，填上具体金额。

动脑筋　如果信用证规定“MARKED PREMIUM PREPAID”，那么“Premium”栏应该如何填写？

13. 免赔额/率（Deductible/Franchise）

此栏通常空白。根据《UCP600》第二十八条的规定，保险单证可以注明受免赔率或免赔额（减除额）约束。

14. 开航日期（Slg. on or Abt.）

此栏填写提单的签发日期或签发日期前 5 天内的任何一天，或者可简单填上“AS PER B/L”。

15. 装载运输工具（Per Conveyance S.S.）

此栏应按照实际情况填写，要与运输单证一致，可填写船名、航班号或车次。海运方式下也可填写“AS PER B/L”。当海洋运输由两段以上运程完成时，应把各程运输的船名填在上面。例如，提单上的一程船名为“EAST WIND”，二程船名为“RED STAR”，本栏应填“EAST WIND/RED STAR”，以此类推。铁路运输加填运输方式为“BY RAILWAY”，航空运输为“BY AIR”，邮包运输为“BY PARCEL POST”。

16. 运输路线（Route）

此栏填写货物实际装运的起运港口和目的港口名称，如货物转船，把转船地点也填上。有时信用证中未明确列明具体的起运港口和目的港口，如“ANY CHINESE PORT”或“ANY JAPANESE PORT”，填制时应根据货物实际装运港口填写，如“SHANGHAI”或“OSAKA”等。

17. 承保险别（Conditions）

此栏应根据信用证或合同中的保险条款要求填写。如来证要求“INSURANCE POLICY COVERING THE FOLLOWING RISKS:ALL RISKS AND WAR RISK AS PER CHINA INSURANCE CLAUSES(C.I.C)”，制单时应打上“COVERING ALL RISKS AND WAR RISK AS PER CHINA INSURANCE CLAUSES (C.I.C.)”。

18. 赔款偿付地点（Claim Payable at）

此栏应按照信用证或合同规定填写，如无具体规定，一般将目的地作为赔付地点，赔款货币与投保金额货币相同。如来证要求“INSURANCE CLAIMS PAYABLE AT A THIRD COUNTRY GERM- ANY”，此时应把第三国“GERMANY”填入此栏。

资料卡

关于保险条款的选用

中国保险条款（CIC）、伦敦协会货物条款（ICC）或美国协会货物条款（AICC）对各保险险别的解释不同，所以承保险别应按信用证规定进行填写。所投保的险别除明确险别名称外，还应注明险别适用的文本及日期。

动脑筋　如果信用证没有规定赔款偿付地点，那么“Claim Payable at”栏应该如何填写？

19. 签发日期（Issuing Date）

此栏填写保险单的签发日期。由于保险公司提供仓至仓服务，所以保险手续应在货物离开出口方仓库前办理，保险单的签发日期应为货物离开仓库的日期或至少填写早于提单签发的日期。

20. 盖章和签字

此栏盖与第 1 栏相同的保险公司印章，并由其负责人签名。

21. 特殊条款（Special Conditions）

此栏填写信用证和合同中对保险单的特殊要求。如来证要求“L/C NO.MUST BE INDICATED IN ALL DOCUMENTS”，即在此栏中填“L/C NO.: ×××”。

22. “ORIGINAL”字样

《跟单信用证统一惯例》中规定，正本保险单上必须有“ORIGINAL”字样。

资料卡

关于保险单的份数

根据《UCP600》的规定，正本必须有“正本”（ORIGINAL）字样。在实务中，可根据信用证或合同规定使用一份、两份或三份正本保险单，每份正本上分别印有“第一正本”（THE FIRST ORIGINAL）、“第二正本”（THE SECOND ORIGINAL）及“第三正本”（THE THIRD ORIGINAL）以示区别。

如来证要求“INSURANCE POLICY IN DUPLICATE”时，出口公司应提交给议付行一份 ORIGINAL，一份 DUPLICATE。

三、保险单的背书

海运保险单可以经背书而转让，保险单证经被保险人背书后即随保险货物所有权的转移自动转到受让人手中。保险单背书的方法如表 5-4 所示。

表 5-4　保险单背书的方法

背书名称	信用证要求	背书方法
空白背书	“BLANK ENDORSED”	只需在保险单背面注明被保险人名称和经办人的名字即可。如信用证无明确规定，使用空白背书

续表

背书名称	信用证要求	背书方法
记名背书	“ENDORSED IN THE NAME OF×××”或“DELIVERY TO（THE ORDER OF）×××CO.”	在保险单背面注明被保险人名称和经办人的名字后，打上“DELIVERY TO ×××CO.”或“IN THE NAME OF ×××”字样（此种保险单不便于转让，较少使用）
记名指示背书	“INSURANCE POLICY ISSUED TO THE ORDER OF×××”	在保险单背面注明被保险人名称和经办人的名字后，再打上“TO ORDER OF ×××”

任务实施

角色扮演

根据“职业情境”提供的信息，阅读合同（见表1-1）、信用证（见表1-3）及参考资料，以单证员陈小宁的身份完成保险单（见表5-5）的审核。参考资料如下。

发票号码：16WLC0178　　发票日期：2019年3月10日

唛头：ATC/HS2019CJ06/SAN FRANCISCO/NO.1-500

船名和航次：NEW STAR V.38

起运日期：2019年3月22日

保险单号码：SBK09-1

表5-5　保险单

太平洋保险 CPIC

中国太平洋财产保险股份有限公司
China Pacific Property Insurance Co.,Ltd.

全国客户服务电话:95500

货物运输保险单

CDAD10004488888 CARGO TRANSPORTATION　保险单号(Policy No.):SBK09-1

INSURANCE POLICY

中国太平洋财产保险股份有限公司（以下称承保人）根据被保险人的要求，在被保险人向承保人缴付约定的保险费后，按照本保险单承保险别和背面所载条款与下列特款承保下述货物运输险，特立本保险单。

This policy of Insurance witnesses that China Pacific Property Insurance Company Limited (hereinafter called “The Underwriter”), at the request of the Insured named hereunder and in consideration of the agreed premium paid to the Underwriter by the Insured, undertakes to insure the undermentioned goods in transportation subject to the conditions of this Policy as per the Clauses printed overleaf and other special clauses attached herein.

被保险人（Insured）：HUANAN SPORTS SERIES IMP. & EXP. CO., LTD. NO. 332 TIANHEBEI ROAD, GUANGZHOU, CHINA　TEL.: 86-020-87556686　FAX: 86-020-87556687

标记： Marks & Nos. 发票号码： As per Invoice No. NO MARKS INVOICE NO.:16WLC0178	包装与数量： Quantity 10 000 PAIRS 5 000 PCS	保险货物项目： Description of Goods RUNNING SHOES GIRL'S JACKET	保险金额： Amount Insured USD 290 000.00
总保险金额： Total Amount Insured SAY U.S.DOLLARS TWO HUNDRED AND NINETY THOUSAND ONLY.			
费率： Rate　AS ARRANGED	保费： Premium　AS ARRANGED		免赔额/率： Deductible/Franchise
开航日期： Slg. on or Abt.　MAR.20,2019			装载运输工具： Per Conveyance S.S.
运输路线：自 Route　From GUANGZHOU, CHINA	经 By		至 To SAN FRANCISCO, USA
承保险别： Conditions COVERING ALL RISKS AS PER CIC CLAUSE.			

所保货物，如遇出险，本公司凭第一正本保险单及其他有关证件给付赔款；如发生本保险单项下负责赔偿的损失或事故，应立刻通知下述代理人查勘。

Claims, if any, payable on surrender of the first original of the Policy together with other relevant documents. In the event of accident whereby loss or damage may result in a claim under this Policy, immediate notice applying for survey must be given to Agent as mentioned hereunder.

中国太平洋财产保险股份有限公司

CHINA PACIFIC PROPERTY INSURANCE CO., LTD

广东分公司

授权签发

AUTHORIZED SIGNATUPE____________________

Special Conditions:

地址

Address

赔款偿付地点：　　电话：　　传真：

Claim Payable at GUANGZHOU, CHINA IN USD　Tel.______________ Fax______________

核保： Underwriter		制单： Operator		经办： Handler		签发日期： Issuing Date	MAR.25,2019

背书内容：

HUANAN SPORTS SERIES IMP. & EXP. CO., LTD.

李刚

操作示范

保险单（见表 5-5）的审核结果如下。

（1）标记（Marks & Nos.）：NO MARKS 应该修改为

ATC

HS2019CJ06

SAN FRANCISCO

NO.1-500　　　　（应按照合同和信用证的规定填写，并与发票等单证一致）。

（2）包装与数量（Quantity）：10 000 PAIRS

5 000 PCS

应该修改为 500 CARTONS（应该填写大包装件数，要与提单上同一栏目内容相同）。

（3）保险货物项目（Description of Goods）：

RUNNING SHOES

GIRL'S JACKET

应该修改为

GIRL'S RUNNING SHOES

GIRL'S JACKET（应该严格按照合同和信用证的货物名称填写）。

（4）保险金额（Amount Insured）：USD 290 000.00 应该修改为 USD 319 000.00（因为信用证规定“FOR 110% OF FULL INVOICE VALUE”，应该加一成投保）。

（5）总保险金额（Total Amount Insured）：SAY U.S.DOLLARS TWO HUNDRED AND NINETY THOUSAND ONLY 应该修改为 SAY U.S.DOLLARS THREE HUNDRED AND NINETEEN THOUSAND ONLY（因为信用证规定大小写金额应该一致）。

（6）开航日期（Slg. on or Abt.）：MAR.20,2019 应该修改为 MAR. 22,2019（应该与提单一致）。

（7）装载运输工具（Per Conveyance S.S.）：漏，应该填写 NEW STAR V.38（应与提单一致）。

（8）承保险别（Conditions）：COVERING ALL RISKS AS PER CIC CLAUSE 应该修改为 COVERING ALL RISKS AND WAR RISK AS PER CIC CLAUSE（1/1/1981）（应该与信用证规定一致）。

（9）赔款偿付地点（Claim Payable at）：GUANGZHOU, CHINA IN USD 应该修改为 SAN FRANCISCO, USA IN USD（应该填写目的港名称）。

（10）签发日期（Issuing Date）：MAR. 25,2019 应该修改为 MAR. 20,2019（因为保险单日期不得迟于提单日期 MAR. 22,2019）。

牛刀小试

以项目一中出现的男士 T 恤衫出口业务为例，根据合同（见表 1-2）、信用证（见表 1-5）和参考资料，填制一份保险单。参考资料如下。

发票号码：B052-863　　发票日期：2019 年 4 月 29 日

船名和航次：XINFENG V.188

起运日期：2019 年 5 月 24 日

保险单号码：DKFE90-98

技能比武

一、中英互译题

Column A	Column B
（　）1．Insurer	A．费率
（　）2．Insurance Policy	B．投保人
（　）3．Amount Insured	C．空白背书
（　）4．Rate	D．保费
（　）5．Conditions	E．投保金额
（　）6．Endorsed in Blank	F．保险单
（　）7．Premium	G．运输路线
（　）8．Route	H．承保险别

二、单选题

1．除非信用证另有规定，银行将（　　）出单日期（　　）运输单据注明的装船或发运或接受监管日期的保险单据。

A．拒受，早于　　B．拒受，迟于

C．接受，迟于　　D．不接受，不迟于

2．根据《UCP600》规定：除非信用证另有规定，保险单据必须以与（　　）同样的货币表示。

A．信用证　　B．合同　　C．发票　　D．支票

3．按国际贸易惯例，保险的赔付地点一般在（　　）。

A．装运港（地）　　B．目的港（地）

C．保险公司所在地　　D．出口公司所在地

4．如信用证规定“ALL DOCUMENTS SHOULD INDICATE THE SHIPPING MARKS”，那么出口公司在保险单“Marks & Nos”栏中应填写（　　）。

A．AS PER B/L　　B．AS PER INVOICE

C．实际的唛头　　D．以上三种都可以

5．如信用证没有特别规定，保险单的被保险人一栏一般应填写（　　）。

A．开证申请人名称　　B．通知行名称

C．受益人名称　　D．以上都可以

三、多选题

1．在有具体唛头的情况下，保险单唛头一栏可填写（　　）。

A．发票上的唛头　　B．As per Invoice No.(发票号码)

C．N/M　　D．N/N

2．以下关于保险凭证的正确叙述是（　　）。

A．俗称“小保单”，是一种简化的保险单

B．既有正面内容，又有背面条款

C．与保险单具有同等效力

D．在实务中，保险凭证可以代替保险单

E．只在进口业务中使用

四、判断题

1．货物运输保险单是一种权益的凭证，它可以经背书随货物所有权的转移而进行转让。（　　）

2．保险单据不可注明受免赔率或免赔额（减除额）约束。（　　）

3．保险单中货物的名称一般使用统称，即可与提单上名称相同。（　　）

4．《UCP500》中规定，正本保险单上必须有“ORIGINAL”字样。（　　）

5．记名背书只需在保险单的背面注明保险人的名称即可。（　　）

6．保险单开航日期可填制提单的签发日期或签发日期前 5 天内的任何一天。
（　　）

7．保险单日期不得晚于发运日期。（　　）

五、实操题

（一）根据已知资料审核保险单，指出填制错误的地方，并提出修改意见。

1．已知资料

L/C NO.AND DATE: KYY76549　　MAR.10,2019

BENEFICIARY: GUANGZHOU CHEMICALS IMP. & EXP. CORP.

NO. 115 ZHONGSHAN ROAD , GUANGZHOU , CHINA

EVIDENCING SHIPMENT OF 800 ROLLS OF

RUBBER MAT

DOCUMENTS REQUIRED:

……

• INSURANCE POLICY IN DUPLICATE COVERING ALL RISKS FOR 110% OF INVOICE VALUE UP TO DESTINATION. CLAIMS IF ANY, PAYABLE AT NEW YORK

THE GOODS ARE PACKED IN 400 BALES WITH “RED STAR” V.098 ON MAY 10,2019 FROM CHINESE PORT TO NEW YORK

INVOICE NO. : UCK-098H

INVOICE VALUE: USD20000.00

NO SHIPPING MARKS

2．已填制的保险单

中国人民财产保险股份有限公司

PICC PROPERTY AND CASUALTY COMPANY LIMITED

总公司设于北京　　　　　一九四九年创立

Head Office：BEIJING　　　　Established in 1949

发票号码：　　　　　　　**保险单**　　　　　　　保险单号次

Invoice No. **INV-102H**　　　　INSURANCE POLICY　　　　Policy No.**KUPO092352**

中国人民财产保险股份有限公司（以下简称本公司）

This Policy of Insurance witness that The PICC Property and Casualty Company Limited (hereinafter called "The Company")

At the request of **GUANGDONG CHEMICALS IMP. & EXP. CORP.**

（以下简称被保险人）的要求，由被保险人向本公司缴付约定的保险费，按照本保险单承保险别和背面所载条款与下列特款承保下述货物运输保险，特立本保险单。

(hereinafter called the "Insured") and in consideration of the agreed premium paying to the Company by the Insured undertakes to Insure the undermentioned goods in transportation subject to the conditions of this Policy as per the Clauses printed overleaf and other special clauses attached herein。

标记 Marks & Nos.	包装及数量 Quantity	保险货物项目 Description of Goods	保险金额 Amount Insured
NO MARKS	**800 ROLLS**	**RUBBER HOSE**	**USD 20000.00**

总保险金额：

Total Amount Insured: SAY U.S. DOLLARS TWENTY THOUSAND ONLY.

保费　　　　　　　　费率　　　　　　　　装载运输工具

Premium **AS ARRANGED**　　Rate **AS ARRANGED**　　Per conveyance **S.S RED STAR V.675**

开行日期

Sig. on or abt **MAY.10,2019** From **GUANGZHOU,CHINA** to **NEW YORK,USA**

承保险别

Conditions. **COVERING ALL RISKS AND WAR RISK AS PER C.I.C.**

所保货物，如遇出险，本公司凭本保险单及其他有关证件给付赔款。

Claims，if any，payable on surrender of this Policy together with other relevant documents.

所保货物，如发生本保险单项下负责赔偿的损失或事故，应立刻通知本公司下述代理人查勘。

In the event of accident where by loss or damage may result in a claim under this Policy immediate notice applying For Survey must be given to the Company's Agent as mentioned hereunder.

中国人民财产保险股份有限公司上海分公司

PICC PROPERTY AND CASUALTY COMPANY LIMTED

GUANGZOU BRANCH

赔款偿付地点：

Claim payable at **TOKYO,JAPAN**

日期　　　　　　　　　　　　地址

Date　**MAY.12, 2019**　　　　Address　**GUANGZHOU,CHINA**

保险单缮制错误的地方有：

____

____

____

（二）根据已知资料缮制投保单、保险单。

1. 已知资料（1）

BENEFICIARY: CHINA TEXTILES IMP.&EXP. CORPORATION

L/C NO. AND DATE: LCM09239，JULY 26, 2019

CIF INVOICE VALUE: USD900 000.00

LIST OF DOCUMENTS:

……

INSURANCE POLICY IN TRIPLICATE BLANK ENDORSED COVERING ALL RISKS AND WAR RISK AND SRCC FOR 110% INVOICE VALUE

COVERING: 50000 PIECES OF ELECTRONIC TOYS

PACKING: IN CASES OF 500 PIECES EACH

SHIPPING MARKS: TYK

LONDON

NO. 1-UP

SHIPMENT: FROM SHANGHAI，CHINA TO LONDON，ENGLAND BY VESSEL “EAST WIND” V.965 ON OCT. 15, 2019 WITH TRANSHIPMENT AT HONGKONG . SECOND VESSEL：“CHANGHE” V.95

……

INVOICE NO : MIE201156

POLICY NO: LOC8729548850

投保日期：2019 年 10 月 10 日

投保单编号：090

2. 制单

太平洋保险 CPIC

中国太平洋财产保险股份有限公司
China Pacific Property Insurance Co.,Ltd.

货物运输保险投保单

APPLICATION FORM FOR CARGO TRANSPORTATION INSURANCE

投保单编号(NO.)

被保险人 Insured:　　　　组织机构代码:

地址 Address:　　　　电话/传真 Telephone/Fax:

发票号码 Invoice No.:

标记及号码 Marks & Numbers	包装与数量 Packing & Quantity	投保货物项目 Description of Goods	投保金额 Amount Insured

起运日期: Slg. on or Abt.　　　　运输工具: Per Conveyance　　　　航次/航班/车号: Voy. No.

运输路线: Route　　自 From　　经 Via　　至 To

投保险别 Please Indicate the Conditions &/or Special Coverage

显示保单正本份数 Numbers of the Original Policy （　　）

费率: Rate　　　　免赔额/率: Deductible

赔偿地点: Claim Payable at

备注: Remarks

请如实告知下列情况：（如是在[　]中打√）

1. 货物包装　袋装/箱装[　]　散装/裸装[　]　冷藏[　]　捆扎[　]　罐装[　]
2. 是否为全新货物　是[　]　否[　]　是否为舱面货　是[　]　否[　]
3. 集装箱种类　普通[　]　开顶[　]　框架[　]　平板[　]　冷藏[　]
4. 运输工具　海轮[　]　飞机[　]　火车[　]　汽车[　]　内河船[　]　驳船[　]
5. 船舶资料　船级____________　建造年月________________

保险人（保险公司）提示

请您仔细阅读保险条款，尤其是黑体字标注部分的条款内容，并听取保险公司业务人员的说明，如对保险公司业务人员的说明不明白或有异议的，请在填写本投保单之前向保险公司业务人员进行询问，如未询问，视同已经对条款内容完全理解并无异议。

投保人声明

投保人及被保险人兹声明所填上述内容（包括投保单及投保附件）属实。

本人已经收悉并仔细阅读保险条款，尤其是黑体字部分的条款内容，并对保险公司就保险条款内容的说明和提示完全理解，没有异议，申请投保。

投保人签章：　　　　投保日期：　　年　　月　　日

续表

以下内容由保险公司填写			
协议编号[　]	代理点编号[　]	客户代码[　]	共保信息[　]
回分情况[　]	最低保费[　]	结算币种[　]	经办人[　]

3. 已知资料（2）

DOC. CREDIT NUMBER: TRE43648

DATE OF ISSUE: MAY 12,2019

APPLICANT: HUY FOOD CO., LTD.

BENEFICIARY: NINGBO SILK GARMENTS IMP. & EXP. CORP.

19/F XIAOWEN STREET NINGBO CHINA

AMOUNT: USD 48 000.00

LOADING IN CHARGE: NINGBO PORT

FOR TRANSPORT TO: SINGAPORE PORT

LATEST DATE OF SHIPMENT: JUNE 7, 2019

DESCRIPTION OF GOODS: SILK GARMENTS 9000PCS CIF SINGAPORE USD15.00 PER PC

PACKING: IN CARTONS OF 20PCS EACH

LIST OF DOCUMENTS:

……

- INSURANCE POLICY IN DUPLICATE ENDORSED IN BLANK COVERING FPA AND WAR RISK FOR 110% OF THE INVOICE VALUE. CLAIM PAYABLE AT SINGAPORE IN THE CURRENCY OF THE INVOICE.

ALL DOCUMENTS MUST MENTION THE L/C NO.

……

保险单号码：299837

发票号码：JITC050646

船名和航次：RAINBOW V. HT332

开航日期：2019 年 7 月 1 日

唛头：HUY/MADE IN CHINA /NO. 1 – UP

保险单签发日期：2019 年 6 月 29 日

保险单签发地点：宁波

4. 制单

太平洋保险 CPIC

中国太平洋财产保险股份有限公司
China Pacific Property Insurance Co.,Ltd.

全国客户服务电话:95500

货物运输保险单

CDAD10004488888 **CARGO TRANSPORTATION INSURANCE POLICY** **保险单号(policy No):**

中国太平洋财产保险股份有限公司（以下称承保人）根据被保险人的要求，在被保险人向承保人缴付约定的保险费后，按照本保险单承保险别和背面所载条款与下列特款承保下述货物运输险，特立本保险单。

This policy of Insurance witnesses that China Pacific Property Insurance Company Limited (hereinafter called "The Underwriter") at the request of the Insured named hereunder and in consideration of the agreed premium paid to the Underwriter by the Insured, undertakes to insure the undermentioned goods in transportation subject to the conditions of this Policy as per the Clauses printed overleaf and other special clauses attached herein. ____________________

被保险人(Insured):

标记：Marks & Nos. 发票号码 As per Invoice No.	包装与数量：Quantity	保险货物项目：Description of Goods	保险金额：Amount Insured
总保险金额：Total Amount Insured			
费率：Rate	保费：Premium	免赔额/率：Deductible/Franchise	
开航日期：Slg . on or Abt.		装载运输工具：Per Conveyance S.S.	
运输路线：自 Route From	经 By	至 To	
承保险别 Conditions			

所保货物，如遇出险，本公司凭第一正本保险单及其他有关证件给付赔款；如发生本保险单项下负责赔偿的损失或事故，应立刻通知下述代理人查勘。

Claims, if any, payable on surrender of the first original of the Policy together with other relevant documents. In the event of accident whereby loss or damage may result in a claim under this Policy, immediate notice applying for survey must be given to Agent as mentioned hereunder.

中国太平洋财产保险股份有限公司
CHINA PACIFIC PROPERTY INSURANCE CO., LTD
广东分公司
授权签发
AUTHORIZED SIGNATURE____________________

Special Conditions:

地址
Address

赔款偿付地点
Claim payable at____________________

电话：
Tel________________

传真：
Fax________________

核保 Underwriter		制单 Operator		经办 Handler		签发日期 Issuing Date	

项目六

装运及制作有关单证

项目引领

项目目标

技能目标：

1. 能够读懂外贸合同和信用证中有关装运的条款。
2. 能够根据信用证、合同及有关资料正确缮制（审核）提单。
3. 能够根据信用证、合同及有关资料正确缮制装运通知和受益人证明。

知识目标：

1. 熟悉提单、装运通知和受益人证明的含义及作用。
2. 了解提单的种类。

业务流程

业务操作流程	各流程涉及的主要单证操作
签订合同	签订买卖合同/销售确认书
落实信用证	审核信用证，修改信用证
生产备货	缮制商业发票、装箱单等
出口报检	填制报检单，取得检验证书
托运货物	缮制托运单，取得装货单
出口报关	填制报关单，取得放行凭证
投　保	填制投保单，审核保险单
货物装运	审核提单，发出装船通知等
交单结汇	缮制汇票，提供全套单证

任务一　缮制（审核）提单

职业情境

海关放行后，华南运动用品进出口有限公司的单证员陈小宁通知船公司将出口货物装船。陈小宁凭场站收据向船公司换取正本提单。在取得提单后，陈小宁认真仔细地审核提单，以确保提单符合信用证的规定。

任务要求

审核提单是否正确的前提是单证员必须会正确缮制提单。请根据合同（见表 1-1）、信用证（见表 1-3）的有关条款及具体交易情况，以单证员陈小宁的身份正确缮制（审核）船公司开出的海运提单。

知识准备

一、提单的含义

海运提单（Ocean Bill of Lading，B/L）简称提单，是船方或其代理接管承运货物或货物装船后签发给托运人的货物收据，证明已收到单证上所列的货物，保证将货物运往指定目的港交给提单持有人的单证。在法律上，它是物权证书，收货人在目的港提取货物时必须出示正本提单。

动脑筋　收货人在目的港提取货物时是否必须出示全套正本提单？

二、提单的性质及作用

1. 货物收据（Receipt of the Goods）

提单是承运人签发给托运人的收据，确认承运人已收到提单上所列的货物并已装船，或者承运人已接管货物等待装船。

2. 运输合同的证明（Evidence of Contract of Carrier）

提单是托运人与承运人的运输合同证明，明确双方之间的权利、责任、豁免。它是处理托运人与承运人在运输方面的争议、纠纷的主要依据。

3. 物权凭证（Document of Title）

提单是货物所有权的凭证。提单收货人或合法持有人可凭单提货，也可以在货物到达目的港前通过背书转让提单以转让货物所有权，也可以向银行办理抵押贷款。

三、提单的种类

提单可以根据不同的分类标准分为不同的种类，如表 6-1 所示。

表 6-1　提单的种类及其特征

分类标准	提单种类名称	提单种类英文名称	提单表面特征
提单签发时货物是否已装船	已装船提单	SHIPPED ON BOARD B/L	提单上有“Shipped on Board...”字样，并注明装船日期、船长或代理签字
	备运提单	RECEIVER FOR SHIPMENT B/L	提单上只表示承运人接受货物，无确定装船日期
货物外表有无不良批注	清洁提单	CLEAN B/L	承运人未在提单上加注货物的不良批注
	不清洁提单	UNCLEAN B/L	提单上表明货物表面状况或包装不良或存在缺陷
提单“收货人”一栏的填写内容	记名提单	STRAIGHT B/L	提单“收货人”一栏填写收货人具体名称
	不记名提单	OPEN B/L (BEARER B/L)	无收货人名称或标注“TO BEARER”
	指示提单	ORDER B/L	填写“TO ORDER”或“TO ORDER OF...”或“TO...ORDER”
运输方式	直达提单	DIRECT B/L	不需装船
	转船提单	TRANSSHIPMENT B/L	需要转船
	联运提单	THROUGH B/L	货物运输经过两段或以上运输方式，第一程是海运，标注船名和装运日期
	多式联运提单	COMBINED TRANSPORT B/L	第一程不一定是海运，未必标注船名和装运日期
运费方式	运费预付提单	FREIGHT PREPAID B/L	提单正面注明“FREIGHT PREPAID”
	运费到付提单	FREIGHT COLLECT B/L	提单正面注明“FREIGHT COLLECT”
提单内容的简繁	全式提单	LONG FORM B/L	提单有正面条款和背面条款
	简式提单	SHORT FORM B/L	提单无背面条款
船公司经营方式	班轮提单	LINER B/L	提单由班轮公司签发
	租船提单	CHARTER PARTY B/L	提单由租船运输的承运人签发

动脑筋

银行能拒收不清洁提单吗？

使用不记名提单安全吗？

FOB、CFR、CIF价格条款分别属于什么运费方式？

四、提单的格式及内容

提单是由各运输公司自行印制的，因此格式不一，但主要内容基本相同。空白提单样单如表 6-2 所示。

提单的内容一般有正、反两面。正面部分主要包括提单号、托运人、被通知人、收货人、装运港、目的港、船名、唛头、货物描述、包装种类、包装数量、毛重、尺码、提单签发地点和日期、承运人和船长签字等。提单反面（或称背面）是具体运输条款，明确承运人和托运人之间的权责关系。

表 6-2　空白提单样单

<table>
<tr><td colspan="2">Shipper（1）</td><td rowspan="6">B/L No.:（20）
中国外运广州公司
SINOTRANS GUANGZHOU COMPANY
OCEAN BILL OF LADING
SHIPPED on board in apparent good order and condition (unless otherwise indicated) the goods or packages specified herein and to be discharged at the mentioned port of discharge or as near thereto as the vessel may safely get and be always afloat.
The weight, measure, marks and numbers, quality, contents and value being particulars furnished by the shipper, are not checked by the carrier on loading.
The shipper, consignee and the holder of this Bill of Lading hereby expressly accept and agree to all printed, written or stamped provisions, exceptions and conditions of this Bill of Lading, including those on the back hereof.
IN WITNESS whereof the number of original Bills if lading stated below have been signed, one of which being accomplished, the other to be void.</td></tr>
<tr><td colspan="2">Consignee（2）</td></tr>
<tr><td colspan="2">Notify Party（3）</td></tr>
<tr><td>Pre-carriage by（4）</td><td>Port of Loading（5）</td></tr>
<tr><td>Ocean Vessel Voy. No.（6）</td><td>Port of Transshipment（7）</td></tr>
<tr><td>Port of Discharge（8）</td><td>Final Destination（9）</td></tr>
</table>

<table>
<tr><td>Container/Seal No. or Marks and Nos.（10）</td><td>Number of Containers or Packages（11）</td><td>Description of Goods（12）</td><td>Gross Weight (KGS)（13）</td><td>Measurement (CBM)（14）</td></tr>
<tr><td colspan="5">Total Number of Containers and/or Packages(in words)（15）</td></tr>
</table>

<table>
<tr><td>Freight and Charges（16）</td><td>Revenue Tons</td><td>Rate</td><td>Per</td><td>Prepaid</td><td>Collect</td></tr>
<tr><td>Ex. Rate</td><td>Prepaid at</td><td colspan="2">Payable at</td><td colspan="2">Place and Date of Issue（17）</td></tr>
<tr><td></td><td>Total Prepaid</td><td colspan="2">No. of Original B(s)/L（18）</td><td colspan="2">Signed for the Carrier（19）</td></tr>
</table>

五、提单的缮制

在信用证支付方式下，为保证及时、安全地交单结汇，出口商在拿到全套提单之前会要求其货运代理公司先传真给出口商确认提单内容。

1. 托运人（Shipper / Consignor）

托运人是指委托运输的人。在信用证支付方式下，此栏一般填写信用证的受益人的名称和地址。在托收支付方式下，此栏按合同规定的卖方全称及地址填写。

2. 收货人（Consignee）

提单的收货人即提单的抬头人，按合同和信用证规定填写。在托收方式下，本栏一般填写“TO ORDER”或“TO ORDER OF SHIPPER”，然后由托运人背书。在信用证支付方式下，提单可分为记名提单、不记名提单和指示提单。填写此栏时，应严格按照信用证的规定。

（1）记名提单。在“Consignee”栏填写具体收货人的名称。例如，信用证条款为“FULL SET OF B/L CONSIGNED TO ABC COMPANY”，则“Consignee”栏填写“CONSIGNED TO ABC COMPANY”或“ABC COMPANY”。

（2）不记名提单。在“Consignee”栏填写“TO BEARER”，谁持有提单，谁就可以到目的港提取货物。这种提单一旦遗失，很容易引起纠纷，风险较大，故在国际贸易中很少使用。

（3）指示提单。指示提单的种类如表 6-3 所示。

表 6-3　指示提单的种类

指示提单名称	信用证条款	“Consignee”栏填写方法	背书情况
不记名指示提单	FULL SET OF B/L MADE OUT TO ORDER	TO ORDER	由 Shipper 背书
记名指示提单	FULL SET OF B/L MADE OUT TO ORDER OF SHIPPER	TO ORDER OF SHIPPER	由 Shipper 背书
	FULL SET OF B/L MADE OUT TO ORDER OF APPLICANT	TO ORDER OF ABC COMPANY (APPLICANT 的公司名称)	由 ABC Company 背书
	FULL SET OF B/L MADE OUT TO OUR ORDER	TO ORDER OF ××× BANK (×××BANK 是信用证的开证行)	由×××BANK 背书

动脑筋

项目一中的信用证范例属于哪种收货人规定方式？如何填写“Consignee”栏？

3. 被通知人（Notify Party）

在托收支付方式下，此栏填写合同的买方。在信用证支付方式下，按信用证规定填写，该栏填写货物到达目的港时船公司需要通知的人。

（1）信用证条款显示“FULL SET OF B/L...NOTIFY APPLICANT”，那么“Notify Party”栏填写 APPLICANT 的名称、地址。

（2）如果信用证没有规定被通知人，提单的“Notify Party”栏留空不填，以确保单证一致。

（3）如果“Consignee”栏是记名提单，那么“Notify Party”栏的内容可以不填，或者填写“SAME AS CONSIGNEE”。

动脑筋 “Shipper”“Consignee”“Notify Party”三栏在托运单和海运提单中的填写方法是否一致？

4. 前程运输（Pre-carriage by）

如需转运，此栏填写第一程船名；如不需转运，则此栏空白。

5. 装运港（Port of Loading）

根据信用证填写实际装运货物的港口全称，必须加注所在（地区）国家名称。

动脑筋 如果信用证规定“FROM CHINESE MAIN PORT...”，该如何填写此栏？

6. 船名及航次（Ocean Vessel Voy. No.）

此栏必须填写由承运人配载的装货船名和航次（Voyage No.），如没有航次，允许只填船名，不填航次。

7. 转运港（Port of Transshipment）

如需转运，此栏填写转运港名称，必须加注所在（地区）国家名称；如不需转运，则此栏空白。

8. 卸货港（Port of Discharge）

此栏填写货物被最后卸离船舶的港口全称，必须加注所在（地区）国家名称。

9. 交货地（Final Destination or Place of Delivery）

此栏填写最终目的地名称，如货物交货地就是卸货港，则此栏空白。

动脑筋 如果信用证规定“FROM SHANGHAI, CHINA VIA HONGKONG TO AUCKLAND, NEW ZEALAND”，如何填写“装运港”、“转运港”、“卸货港”和“交货地”栏？

10. 集装箱号/铅封号或唛头（Container/Seal No. or Marks and Nos.）

若货物有唛头，则如实填写；若没有唛头，则填写“N/M”。若货物采用集装箱运输，此栏需填写集装箱号和铅封号。

11. 包装数量（Number of Containers or Packages）

此栏填写装入集装箱内货物的外包装件数或集装箱个数，而不是商品件数。例如，5 000 双男士皮鞋需装进 100 个纸箱，再装到 1 个集装箱内运输到目的港，此时，商品件数是 5 000PAIRS，外包装件数是 100CTNS，集装箱个数是 1 个。

12. 货物描述（Description of Goods）

填写货物描述时必须符合信用证和合同要求的品名、规格、型号、成分、品牌等。

13. 毛重（Gross Weight）

填写实际货物的总毛重。

14. 尺码（Measurement）

填写实际货物的总体积。

15. 大写包装件数［Total Number of Containers and/or Packages (in Words)］

填写大写包装件数，格式为“SAY…ONLY”。

16. 运费支付（Freight and Charges）

除非信用证有特别要求，几乎所有提单都不填写运费的具体数额，而只是表明运费是否已付清或什么时候付清。运费支付主要有以下四种类型。

（1）运费已付：FREIGHT PAID。

（2）运费预付：FREIGHT PREPAID。

（3）运费到付：FREIGHT PAYABLE AT DESTINATION。

（4）运费待付：FREIGHT COLLECT。

动脑筋　FOB、CFR、CIF 贸易术语下，如何填写此栏？

17. 提单签发地点和日期（Place and Date of Issue）

提单签发日期表示货物实际装船的时间或已经接受船方或代理方接管的时间，签发日期应在信用证或合同规定的最迟装运期之内。提单签发地点一般是合同或信用证规定的装运港。

资料卡

提单签发日期和装船批注日期不一致时的处理

若提单签发日期和装船批注日期不一致，《ISBP》规定，如果提交的是预先印就“已装运于船”的提单，提单的出具日期视为装运日期，除非提单带有加注日期的单独装船批注，此时，该装船批注的日期视为装船日期，而不论该批注日期是在提单签发日期之前还是之后。

18. 正本提单签发份数［No. of Original B(s)/L］

此栏填写托运人要求签发正本提单的份数。根据《UCP600》的要求，信用证规定的每种单证须至少提交一份正本。如果信用证规定要求出口方提供“全套提单”（FULL SET OF B/L），实务中一般提供三份或两份提单正本。

19. 签字、签章（Signed for the Carrier）

提单必须经装载船只的船长或承运人或他们的代理签章才生效，签章的同时必须表明其身份，如 AS CARRIER（承运人）、AS MASTER（船长）、AS AGENT FOR CARRIER OR MASTER（承运人或船长代理）。

20. 提单号码（B/L No.）

此栏填写实际的提单号码。

任务实施

角色扮演

根据“职业情境”提供的信息，阅读合同（见表 1-1）、信用证（见表 1-3）及参考资料，以单证员陈小宁的身份审核提单（见表 6-4）。参考资料如下。

女式跑步鞋：10 000 双　　400 箱

毛重：14.5 千克/箱　　净重：14 千克/箱

尺码：60CM×60CM×40CM/箱

女式外套：5 000 件　　100 箱

毛重：16.5 千克/箱　　净重：15.5 千克/箱

尺码：60CM×50CM×60CM/箱

唛头：ATC/HS2019CJ06/SAN FRANCISCO/NO.1-500

集装箱号：TMCK9827311　SEAL: M78601

STXP7862112　SEAL: M78602

TMCK9846934　SEAL: M78603

船名和航次：NEW STAR V.38

提单号码：SNT20190322

提单签发地点和日期：GUANGZHOU, CHINA MARCH 22, 2019

表 6-4　提单

<table>
<tr><td colspan="2">Shipper（1）
HUANAN SPORTS SERIES IMP. & EXP. CO., LTD.
NO. 332 TIANHEBEI ROAD, GUANGZHOU, CHINA
TEL.: 86-020-87556686　FAX: 86-020-87556687</td><td rowspan="6">B/L No.:（20）SNT20190322

SINOTRANS
中国外运广州公司
SINOTRANS GUANGZHOU COMPANY
OCEAN BILL OF LADING
SHIPPED on board in apparent good order and condition (unless otherwise indicated) the goods or packages specified herein and to be discharged at the mentioned port of discharge or as near thereto as the vessel may safely get and be always afloat.
The weight, measure, marks and numbers, quality, contents and value being particulars furnished by the shipper, are not checked by the carrier on loading.
The shipper, consignee and the holder of this Bill of Lading hereby expressly accept and agree to all printed, written or stamped provisions, exceptions and conditions of this Bill of Lading, including those on the back hereof.
IN WITNESS whereof the number of original Bills if Lading stated below have been signed, one of which being accomplished, the other to be void.</td></tr>
<tr><td colspan="2">Consignee（2）
TO ORDER</td></tr>
<tr><td colspan="2">Notify Party（3）
NOTIFY APPLICANT</td></tr>
<tr><td>Pre-carriage by（4）</td><td>Port of Loading（5）
GUANGZHOU, CHINA</td></tr>
<tr><td>Ocean Vessel Voy. No.（6）
NEW STAR V.38</td><td>Port of Transshipment（7）</td></tr>
<tr><td>Port of Discharge（8）
San Francisco</td><td>Final Destination（9）
San Francisco</td></tr>
</table>

续表

Container/Seal No. or Marks and Nos.（10）	Number of Containers or Packages（11）	Description of Goods（12）	Gross Weight (KGS)（13）	Measurement (CBM)（14）
TMCK9827311 SEAL:M78601 STXP7862112　SEAL:M78602 TMCK9846934 SEAL:M78603 ATC HS2019CJ06 SAN FRANCISCO NO.1-500	500CTNS	GIRL'S RUNNING SHOES GIRL'S JACKET	7 150.00	75.60
Total Number of Containers and/or Packages(In Words)（15） SAY FIVE HUNDRED CARTONS ONLY				

Freight and Charges（16） FREIGHT COLLECT	Revenue Tons	Rate	Per	Prepaid	Collect
Ex. Rate	Prepaid at	Payable at		Place and Date of Issue（17） GUANGZHOU, CHINA MARCH 22, 2019	
	Total Prepaid	No. of Original B(s)/L（18） THREE (3)		Signed for the Carrier:（19） SINOTRANS SHANGHAI COMPANY 陈明 AS CARRIER	

（1）错误处__________修改为：____________________

（2）错误处__________修改为：____________________

（3）错误处__________修改为：____________________

（4）错误处__________修改为：____________________

（5）错误处__________修改为：____________________

操作示范

（1）错误处（3）修改为：THE ATLANTIC TRADING COMPANY
NO.845 PACIFIC STREET, SAN FRANCISCO 400235, USA
TEL.:011-510-25950996
FAX: 011-510-25950260

（2）错误处（8）修改为：SAN FRANCISCO, USA

（3）错误处（9）修改为：空白此栏

（4）错误处（13）修改为：7 450.00

（5）错误处（16）修改为：FREIGHT PREPAID

修改后的提单缮制范例如表 6-5 所示。

表6-5　修改后的提单缮制范例

<table>
<tr><td colspan="2">Shipper（1）
HUANAN SPORTS SERIES IMP. & EXP. CO., LTD.
NO. 332 TIANHEBEI ROAD, GUANGZHOU, CHINA
TEL.: 86-020-87556686 FAX: 86-020-87556687</td><td rowspan="6">B/L No.:（20）SNT20190322

中国外运广州公司
SINOTRANS GUANGZHOU COMPANY
OCEAN BILL OF LADING
SHIPPED on board in apparent good order and condition (unless otherwise indicated) the goods or packages specified herein and to be discharged at the mentioned port of discharge or as near thereto as the vessel may safely get and be always afloat.
The weight, measure, marks and numbers, quality, contents and value being particulars furnished by the shipper, are not checked by the carrier on loading.
The shipper, consignee and the holder of this Bill of Lading hereby expressly accept and agree to all printed, written or stamped provisions, exceptions and conditions of this Bill of Lading, including those on the back hereof.
IN WITNESS whereof the number of original Bills if Lading stated below have been signed, one of which being accomplished, the other to be void.</td></tr>
<tr><td colspan="2">Consignee（2）
TO ORDER</td></tr>
<tr><td colspan="2">Notify Party（3）
THE ATLANTIC TRADING COMPANY
NO.845 PACIFIC STREET, SAN FRANCISCO 400235, USA
TEL.:011-510-25950996 FAX: 011-510-25950260</td></tr>
<tr><td>Pre-carriage by（4）</td><td>Port of Loading（5）
GUANGZHOU, CHINA</td></tr>
<tr><td>Ocean Vessel Voy. No.（6）
NEW STAR V.38</td><td>Port of Transshipment（7）</td></tr>
<tr><td>Port of Discharge（8）
SAN FRANCISCO, USA</td><td>Final Destination（9）</td></tr>
</table>

Container/Seal No. or Marks and Nos.（10）	Number of Containers or Packages（11）	Description of Goods（12）	Gross Weight (KGS)（13）	Measurement (CBM)（14）
TMCK9827311 SEAL:M78601 STXP7862112 SEAL:M78602 TMCK9846934 SEAL:M78603 ATC HS2019CJ06 SAN FRANCISCO NO.1-500	500CTNS	GIRL'S RUNNING SHOES GIRL'S JACKET	7 450.00	75.60

Total Number of Containers and/or Packages(In Words)（15）
SAY FIVE HUNDRED CARTONS ONLY

Freight and Charges（16）	Revenue Tons	Rate	Per	Prepaid	Collect
FREIGHT PREPAID					

Ex. Rate	Prepaid at	Payable at	Place and Date of Issue（17）
			GUANGZHOU, CHINA MARCH 22, 2019
	Total Prepaid	No. of Original B(s)/L（18） THREE (3)	Signed for the Carrier:（19） SINOTRANS SHANGHAI COMPANY 陈明 AS CARRIER

牛刀小试

以项目一中出现的男士T恤衫出口业务为例，根据合同（见表1-2）、信用证（见表1-5）和制单参考资料缮制一份提单。制单参考资料如下。

毛重：3千克/箱　　　　净重：2.5千克/箱

集装箱号：GVBU3202732　　　　封箱号：L46587

提单号码：COS20190524

提单签发地点和日期：GUANGZHOU, CHINA MAY 24, 2019

船名和航次：XINFENG V.188

技能比武

一、中英互译题

Column A	Column B
（　）1. To Order	A. 清洁已装船提单
（　）2. Bills of Lading	B. 船名
（　）3. Consignee	C. 箱数
（　）4. Clean on Board Ocean B/L	D. 交货地
（　）5. Place of Delivery	E. 托运人
（　）6. Shipper	F. 凭指示
（　）7. Notify Party	G. 提单
（　）8. Vessel Name	H. 运费待付
（　）9. Freight Prepaid	I. 被通知人
（　）10. Port of Tranship	J. 收货人
（　）11. Carton Numbers	K. 转运港
（　）12. Freight Collect	L. 运费预付

二、单选题

1. 关于海运提单的性质和作用，下列不正确的是（　　）。

A. 货物收据　　　　B. 运输合同的证明

C. 物权凭证　　　　D. 无条件支付命令

2．“空白抬头，空白背书”提单是指（　　）。

A．提单正面“Consignee”一栏空白，由托运人在提单背面签字

B．提单正面“Consignee”一栏空白，无须背书

C．提单正面“Consignee”一栏填“To Order”，由托运人在提单背面签字

D．提单正面“Consignee”一栏填“To Bearer”，无须背书

3．多式联运提单的签发人应（　　）。

A．对运输全程负责

B．对第一程运输负责

C．接受第二程运输承运人的委托向原货主负责

D．对第二程运输负责

4．下列表示“已装船提单”的日期是（　　）。

A．货于 3 月 10 日送交船公司　　B．货于 4 月 2 日开始装船

C．货于 4 月 8 日全部装完　　D．货于 4 月 28 日抵达日本

5．海运提单的抬头是指提单的（　　）。

A．Shipper　　B．Consignee

C．Notify Party　　D．Voyage No.

6．各种运输单据中，能同时具有货物收据、运输合同证明和物权凭证作用的是（　　）。

A．铁路运单　　B．航空运单

C．海运提单　　D．海运单

7．根据《UCP600》，受益人超过提单签发日期后 21 天才交到银行议付的提单称为（　　）。

A．过期提单　　B．倒签提单

C．预借提单　　D．转船提单

8．海运提单上运费缴付方式填写为“FREIGHT COLLECT”，如果信用证没有特别规定，那么缴付方式一般适用于（　　）价格术语。

A．CIF　　B．CFR　　C．FOB　　D．CIP

9．信用证中规定“PACKING LIST IN FIVE COPIES”，则受益人证明提交的装箱单的份数为（　　）。

A．5 份副本　　B．1 份正本、4 份副本

C．不需要提交正本　　D．5 份正本、5 份副本

三、多选题

1．提单中的发货人“Shipper”一栏内通常可以记载（　　）。

A．销售合同下的供应商

B．代表供应商与承运人签订合同的人

C．将货物交给承运人的人

D．与托运人订立合同的人

2．提单做成指示抬头时，提单“Consignee”一栏可以填写成（　　）。

A．To Order of Shipper　　B．To Order of Issuing Bank

C．To Issuing Bank　　D．To Order

3．根据提单“Consignee”一栏的填写内容分类，提单可分为（　　）。

A．清洁提单　　B．记名提单

C．不记名提单　　D．指示提单

四、判断题

1．空白抬头提单是指提单“Consignee”一栏不填写任何内容的提单，谁持有该提单谁就有权提货。（　　）

2．提单上载明“货于 4 月 8 日全部装完”表示的是“已装船提单”的日期。（　　）

3．提单在法律上具有物权凭证的作用，在国际贸易中，提单可以通过背书进行转让，转让也就意味着转让货物的所有权。（　　）

4．信用证要求提单，货物运抵 LATTAKIA PORT IN TRANSIT TO MAMASCUS。提单实际显示：PORT OF DISCHARGE: LATTAKINA, PLACE OF DELIVERY: DAMASCUS(SYRIA)，因此，与信用证对提单的要求不符。（　　）

5．提单的签发日期应早于保险单的签发日期。（　　）

6．如果信用证规定“FROM CHINESE MAIN PORT TO NEW YORK”，则提单的“Port of Loading”一栏应填写“CHINESE MAIN PORT”，以符合单证一致的要求。（　　）

7．提单的签发人通常应为托运人。（　　）

8．完整的物权由全套正本提单表示，所以收货人在提货时应出示全套正本提单。（　　）

五、实操题

（一）阅读下面的资料，回答相关问题。

……

Applicant: Nissho Iwal Corporation

No.4-5 Akamaka 2-Chocoe MI-Natou Tokyo, Japan

Beneficiary: China National Mine Import and Export Corp. Beijing, P.R. China

……

Pre-advice: Bank of China, Beijing Branch

……

Documents required:

Full set of clean on board marine bills of lading made out to order and blank endorsed, marked “Freight prepaid”.

……

1．该提单的发货人、收货人、通知人如何填制？

2．提单上运费的支付方式如何填报？

3．该提单属于哪一种类？

（二）根据已知资料审核提单，指出单据中填制错误的地方，并提出修改意见。

1. 已知资料

APPLICANT: ABC COMPANY, NEW YORK BRANCH

ADD.: 5TH WALL STREET, NEW YORK, USA

BENEFICIARY: SHANGHAI CANNED MEAT CO., LTD.

ADD.: NO. 30 PUDONG DISTRICT, SHANGHAI, CHINA

CONTRACT NO.: 78CN901

COMMODITY: 2,000 CANS CANNED MEAT AT CIF NEW YORK USD 3.50 PER CAN

SHIPMENT: FROM SHANGHAI, CHINA TO NEW YORK, AMERICA NOT LATER THAN SEP.10, 2019

N.W.: 2,000.00KGS

G.W.: 2,100.00KGS

MEASUREMENT: 30.00M^3

SHIPPING MARKS: CM/ NEW YORK/ NO.1-200

S.S.: WEST WIND 973 V.836

CONTAINER NO.: WNYQ970231

SEAL NO.: R873947

B/L NO.:EP3971　　DATED: SEP. 08, 2019 SHANGHAI

......

DOCUMENTS REQUIRED

+FULL SET OF CLEAN ON BOARD OCEAN BILL OF LADING MADE OUT TO ORDER MARKED “FREIGHT PREPAID” AND NOTIFY APPLICANT

2. 已填制的单据

OCEAN BILL OF LADING

Shipper (1) ABC COMPANY, NEW YORK BRANCH ADD.: 5TH WALL STREET NEW YORK, USA		**B/L No.**: (20) EP3971 中远集装箱运输有限公司 **COSCO CONTAINERLINES** **BILL OF LADING**
Consignee (2) TO ORDER OF SHIPPER		
Notify Party (3) NOTIFY APPLICANT		
Pre-carriage by(4)	**Port of Loading(5)** CHINESE MAIN PORT	
Ocean Vessel Voy. No. (6) KAOHSIUNG	**Port of Transhipment(7)**	
Port of Discharge (8) NEW YORK, AMERICA	**Final Destination(9)** NEW YORK	

Container/Seal No. or Marks and Nos. (10)	**Number of Containers or Packages (11)**	**Description of Goods(12)**	**Gross Weight (kgs) (13)**	**Measurement (m^3) (14)**
WNYQ970231 R873947 N/M	200CTNS	CANNED MEAT	2 000.00KGS	30.00 M^3

Total Number of Containers and/or Packages(In Words) (15)
SAY TWO HUNDRED CARTONS ONLY

Freight and Charges(16)	**Revenue Tons**	**Rate**	**Per**	**Prepaid**	**Collect**
FREIGHT COLLECT					

Ex. Rate	**Prepaid at**	**Payable at**	**Place and Date of Issue (17)** SEP.10,2019 SHANGHAI, CHINA
	Total Prepaid	**No. of Original B(s)/L (18)** THREE(3)	**Signed for the Carrier: (19)** COSCO CONTAINERLINES XXX

提单缮制错误的地方有：

任务二　缮制随附单证——装运通知和受益人证明

职业情境

货物装船后，单证员陈小宁必须将装运情况及时通知进口方，以便对方尽早做好接货、付款等准备工作；同时还要开具受益人证明，证明自己是按信用证要求办理的。

任务要求

请根据合同（见表 1-1）、信用证（见表 1-3）的有关条款及具体交易情况，以陈小宁的身份缮制装运通知和受益人证明。

知识准备

一、缮制装运通知

（一）装运通知的含义及作用

装运通知（Shipping Advice）又称装船通知，是指受益人根据信用证的规定或合同规定在一定时间内通过传真、邮寄或电传等方式，将货物装运情况通知开证申请人、申请人的指定人或保险公司等。装运通知的作用有以下两点。

（1）在CIF或CPI价格条件下，让进口商及时了解货物装运情况，以便做好付款、接货的准备，并及时办理进口报关。

（2）在FOB、FCA或CFR、CPT价格条件下，装运通知是进口商办理进口货物保险的凭证。

资料卡

CFR或CPT价格条件下卖方的责任

按照惯例，在CFR或CPT价格条件下，如卖方未及时发出装运通知以便买方办理保险，货物在运输过程中发生的损失应由卖方负责。

出口方必须在发货前2天或发货后马上（一般为3天内）将所装货物的装运情况通知进口方，以便进口方能及时投保或做好接货准备。

（二）装运通知的格式及内容

装运通知由出口企业根据信用证或合同自行拟制，无固定格式，但基本栏目大致相同。空白装运通知样单如表6-6所示。

装运通知的内容一般包括发票号码、合同号码、信用证号码、提单号码、总额、运输标志（也称唛头）、货物描述、数量、总毛重、装运港、目的港、装运日期、载货船名和航次等。如通知买方办理保险，通常还有买方指定的保险公司和预约保险单号。

表 6-6 空白装运通知样单

NAME AND ADDRESS OF BENEFICIARY（2）

SHIPPING ADVICE（1）

To:（3）

Invoice No.:（4）
S/C No.:（5）
Value:（6）
L/C No.:（7）
Open Policy No.:（8）

DEAR SIRS,
WE HEREBY INFORM YOU THAT THE GOODS UNDER THE ABOVE MENTIONED CREDIT HAVE BEEN SHIPPED. THE DETAILS OF THE SHIPMENT ARE STATED BELOW.

Commodity:（9）
Number of Pkgs:（10）
Total G.W.:（11）
Ocean Vessel:（12）
Date of Departure:（13）
B/L No.:（14）
Port of Loading:（15）
Destination:（16）
Shipping Marks:（17）

Name of Beneficiary
Signature（18）

（三）装运通知的缮制

1. 单证名称（Name of Document）

此栏按信用证规定填写。来证要求提供“SHIPPING ADVICE”“DECLARATION OF SHIPMENT”“SHIPPING STATEMENT”“CERTIFIED COPY OF TELEX”“COPY OF TELEX”，按信用证的要求表明单证名称。

2. 受益人的名称和地址（Name and Address of Beneficiary）

此栏按信用证填写受益人的名称和地址。

3. 抬头人（To）

此栏按信用证规定填写，通常是开证申请人，即买方，有时是买方指定的保险公司或代理人的名称和地址。如信用证没有规定抬头人，则可填写买方。

4. 发票号码（Invoice No.）

此栏填写实际交易的发票号码。

5. 合同号码（S/C No.）

此栏填写实际交易的合同号码。

6. 总额（Value）

此栏填写实际交易的信用证的总金额。

7. 信用证号码（L/C No.）

此栏填写实际交易的信用证号码。

8. 预约保险单号（Open Policy No./Open Cover No.）

如有，填在此，否则此栏空白。

9. 货物描述（Commodity）

此栏填写信用证要求的货物描述。

10. 数量（Number of Pkgs）

此栏填写运输包装数量和计价单位数量。例如，“5 000 双男士皮鞋，每双 30 美元，需装进 100 个纸箱”，此时运输包装数量为 100CTNS，计价单位数量是 5 000PAIRS。

11. 总毛重（Total G.W.）

此栏填写整批货物的总毛重。

12. 船名和航次（Ocean Vessel）

此栏填写运输货物的船名和航次。

13. 装运日期（Date of Departure）

此栏填写实际装运日期或海运提单签发日期。

14. 提单号码（B/L No.）

此栏填写实际交易的海运提单号码。

15. 装运港（Port of Loading）

此栏按信用证要求填写装运货物的港口名称。

16. 目的港（Destination）

此栏按信用证要求填写卸载货物的港口名称。

17. 运输标志/唛头（Shipping Marks）

此栏填写信用证要求的唛头。

18. 签章（Signature）

此栏填写受益人的名称，并由经办人签章。

二、缮制受益人证明

（一）受益人证明的含义及作用

受益人证明（Beneficiary's Certificate）是一种由出口商自己出具的证明，以便证明自己履行了信用证规定的责任或证明自己按信用证的要求办理相关业务，如产品品质、运输包装、按要求寄单等事项。

资料卡

常见受益人证明类型

（1）发送装运通知证明。

（2）寄单证明。

（3）寄样证明。

（4）非木质包装证明。

各种类型的证明内容均在信用证的条款中详细说明。

（二）受益人证明的格式及内容

受益人证明由出口商根据信用证的规定自行拟制，无固定格式，但基本栏目大致相同。空白受益人证明样单如表 6-7 所示。

受益人证明的内容一般包括单证名称、出证日期、发票号码、信用证号码、抬头人、证明内容和签章等。

表 6-7　空白受益人证明样单

NAME AND ADDRESS OF BENEFICIARY（2） **BENEFICIARY'S CERTIFICATE（1）** Date:（3） Invoice No.:（4） L/C No.:（5） To:（6） WE HEREBY CERTIFY THAT...（7）   Signature（8）

（三）受益人证明的缮制

1. 单证名称（Name of Document）

此栏按信用证规定填写。来证要求提供“BENEFICIARY’S CERTIFICATE”“BENEFICIARY’S STATEMENT”“BENEFICIARY’S DECLARATION”，按信用证的要求表明单证名称。

2. 受益人英文全称和地址（Name and Address of Beneficiary）

此栏按信用证中受益人的名称和地址填写，并注明电话号码。

3. 出证日期（Date）

此栏按实际情况填写受益人证明的签发日期。

4. 发票号码（Invoice No.）

此栏填写实际交易的发票号码。

5. 信用证号码（L/C No.）

此栏填写实际交易的信用证号码。

6. 抬头人（To）

此栏通常填写“To: WHOM IT MAY CONCERN”，意为“致有关当事人”。此时的抬头人并非装运通知的抬头人，要注意区分。

7. 证明内容

此栏根据信用证规定的内容填写，可以查看信用证中“DOCUMENTS REQUIRED”里面“BENEFICIARY’S CERTIFICATE”的条款内容。

8. 签章（Signature）

此栏填写受益人的名称，并由经办人签章。

任务实施

角色扮演

根据“职业情境”提供的信息，阅读合同（见表1-1）、信用证（见表1-3）及制单参考资料，以单证员陈小宁的身份缮制装运通知和受益人证明。制单参考资料如下。

发票号码：16WLC0178

发票日期：2019年3月10日

销售合同号码：HS2019CJ06

货物总额：USD 290 000.00

信用证号码：2019020658NBA

提单号码：SNT20190322

装运日期：2019 年 3 月 22 日

船名和航次：NEW STAR V.38

总毛重：7 450.00 千克

受益人证明出证日期：2019 年 3 月 23 日

操作示范

装运通知缮制范例如表 6-8 所示。受益人证明缮制范例如表 6-9 所示。

表 6-8　装运通知缮制范例

HUANAN SPORTS SERIES IMP. & EXP. CO., LTD.
NO.332 TIANHEBEI ROAD, GUANGZHOU, CHINA

SHIPPING ADVICE

To: THE ATLANTIC TRADING COMPANY
NO.845 PACIFIC STREET, SAN FRANCISCO 400 235, USA

Invoice No.: 16WLC0178
S/C No.: HS2019CJ06
Value: USD 290 000.00
L/C No.: 2019020658NBA
Open Policy No.:________

DEAR SIRS,
WE HEREBY INFORM YOU THAT THE GOODS UNDER THE ABOVE MENTIONED CREDIT HAVE BEEN SHIPPED. THE DETAILS OF THE SHIPMENT ARE STATED BELOW.

Commodity: GIRL'S RUNNING SHOES AND GIRL'S JACKET
Number of Pkgs: 500CTNS
Total G.W.: 7 450.00 KGS
Ocean Vessel: NEW STAR V.38
Date of Departure: MARCH 22, 2019
B/L No.: SNT20190322
Port of Loading: GUANGZHOU, CHINA
Destination: SAN FRANCISCO, USA
Shipping Marks: ATC / HS2019CJ06/ SAN FRANCISCO / NO.1-500

华南运动用品进出口有限公司
HUANAN SPORTS SERIES IMP. & EXP. CO., LTD.
李刚

表 6-9　受益人证明缮制范例

HUANAN SPORTS SERIES IMP. & EXP. CO., LTD.
NO. 332 TIANHEBEI ROAD, GUANGZHOU, CHINA
TEL.: 86-020-87556686　　FAX: 86-020-87556687

BENEFICIARY'S CERTIFICATE

Date: MARCH 23,2019
Invoice No.: 16WLC0178
L/C No.: 2019020658NBA
To: WHOM IT MAY CONCERN

WE HEREBY CERTIFY THAT EACH COPY OF SHIPPING DOCUMENTS HAS BEEN FAXED TO THE APPLICANT WITHIN 48 HOURS AFTER SHIPMENT.

华南运动用品进出口有限公司

HUANAN SPORTS SERIES IMP. & EXP. CO., LTD.
李 刚

牛刀小试

以项目一中出现的男士 T 恤衫出口业务为例，根据合同（见表 1-2）、信用证（见表 1-5）和制单参考资料，缮制装运通知和受益人证明。制单参考资料如下。

发票号码：B052-863
发票日期：2019 年 4 月 29 日
销售合同号码：LG051508L1
货物总额：USD 11 440.00
信用证号码：01/0501-FCT
毛重：3 千克/箱
船名和航次：XINFENG V.188
提单号：COS20190524
提单签发地点和日期：中国广州 2019 年 5 月 24 日
受益人证明出证日期：2019 年 5 月 25 日

技能比武

一、中英互译题

Column A	Column B
（　）1．Shipment Advice	A．总额
（　）2．Ocean Vessel	B．货物描述
（　）3．Beneficiary's Certificate	C．船名
（　）4．Value	D．受益人证明
（　）5．Commodity	E．装运通知

二、单选题

1．在 FOB 价格条件下，（　　）是进口商办理进口货物保险的凭证。

A．寄单证明　　B．投保证明

C．包装证明　　D．装运通知

2．下列单据中，不属于受益人证明的是（　　）。

A．寄单证明　　B．寄样证明

C．非木质包装证明　　D．装运通知

三、多选题

1．装运通知由出口商自行拟制，无固定格式，其单据名称常用（　　）。

A．SHIPPING ADVICE　　B．DECLARATION OF SHIPMENT

C．SHIPPING STATEMENT　　D．SHIPPING NOTICE

2．受益人证明的内容一般包括（　　）。

A．出证地点　　B．证明内容

C．信用证号　　D．抬头人

四、判断题

1．为了节省费用，出口商在货物装船后，一般采用航空信函的方式向进口方寄送装运通知。（　　）

2．受益人证明是一种由出口商自己出具的证明，无固定格式，因此缮制受益人证明是不受信用证的约束的。（　　）

五、实操题

根据已知资料缮制海运提单、装运通知、受益人证明。

1. 已知资料（1）

<table>
<tr><td>Form of Doc. Credit</td><td>*40A:</td><td>IRREVOCABLE</td></tr>
<tr><td>Doc. Credit Number</td><td>*20:</td><td>LC-320-0254771</td></tr>
<tr><td>Date of Issue</td><td>30C:</td><td>190922</td></tr>
<tr><td>Expiry</td><td>*31D:</td><td>Date 191222 Place CHINA</td></tr>
<tr><td>Applicant</td><td>*50:</td><td>MARCONO CORPORATION
RM1001, STAR BLDG. TOKYO, JAPAN</td></tr>
<tr><td>Beneficiary</td><td>*59:</td><td>QINGDAO(SHANDONG) HUARUI CO.
NO.35 WUYI ROAD QINGDAO, CHINA</td></tr>
<tr><td>Amount</td><td>*32B:</td><td>Currency USD Amount 70 000.00</td></tr>
<tr><td>Pos./ Neg. Tol.(%)</td><td>39A:</td><td>5/5</td></tr>
<tr><td>Available with/by</td><td>*41D:</td><td>ANY BANK BY NEGOTIATION</td></tr>
<tr><td>Draft at......</td><td>42C:</td><td>DRAFTS AT SIGHT FOR FULL INVOICE VALUE</td></tr>
<tr><td>Drawee</td><td>42A:</td><td>ROYAL BANK LTD, TOKYO</td></tr>
<tr><td>Partial Shipments</td><td>43P:</td><td>ALLOWED</td></tr>
<tr><td>Transhipment</td><td>43T:</td><td>NOT ALLOWED</td></tr>
<tr><td>Loading in Charge</td><td>44A:</td><td>SHIPMENT FROM CHINESE MAIN PORT</td></tr>
<tr><td>For Transport to</td><td>44B:</td><td>OSAKA, JAPAN</td></tr>
<tr><td>Latest Date of Ship.</td><td>44C:</td><td>191210</td></tr>
<tr><td>Descript. of Goods</td><td>45A:</td><td></td></tr>
<tr><td colspan="3">HALF DRIED PRUNE 2005CROP
GRADE DPEC QNTY (CASE) UNIT PRICE (USD/CASE)
A L:500CASE M:500CASE 1,000 22.0 CFR OSAKA
B L:1 200CASE M:1 200CASE 2,400 22.0 CFR OSAKA
PACKING: IN WOODEN CASE, 12KGS PER CASE
TRADE TERMS: CFR OSAKA</td></tr>
</table>

续表

Documents required	46A:	
+FULL SET OF CLEAN ON BOARD OCEAN BILLS OF LADING MADE OUT TO ORDER OF SHIPPER AND BLANK ENDORSED AND MARKED "FREIGHT PREPAID" AND "NOTIFY MARCONO CORPORATION. RM1001, STAR BLDG. TOKYO, JAPAN" +MANUALLY SIGNED COMMERCIAL INVOICE IN TRIPLICATE(3)IN DICATING APPLICANT'S REF. NO. SCLI-98-0474. +BENEFICIARY'S CERTIFICATE CERTIFYING ONE COPY OF INVOICE AND PACKING LIST TO BE SENT DIRECT TO APPLICANT IMMEDIATELY AFTER SHIPMENT		
Details of Charges	71B:	ALL BANKING CHARGES OUTSIDE JAPAN ARE FOR ACCOUNT OF BENEFICIARY
Presentation Period	48 :	DOCUMENTS TO BE PRESENTED WITHIN 15 DAYS AFTER THE DATE OF SHIPMENT, BUT WITHIN THE CALIDITY OF THE CREDIT

2. 已知资料（2）

提单号码：NSD220055

提单日期：2019 年 12 月 5 日

装运港：青岛港

船名：FENGLEI V. 66026H

集装箱：2×20FCL CY/CY

TRIU 1764332 SEAL05003

KHLU1766888 SEAL05004

净重：12.00KGS/CASE

毛重：14.00KGS/CASE

尺码：（20×10×10）CM/CASE

唛头：MQ / HA1101 / OSAKA / NOS1-3400

发票号码：MC591

合同号码：YKC190910

3. 制单

（1）提单。

OCEAN BILL OF LADING

<table>
<tr><td colspan="2">Shipper</td><td rowspan="6">B/L No.:

中国外运上海公司
SINOTRANS SHANGHAI COMPANY
OCEAN BILL OF LADING</td></tr>
<tr><td colspan="2">Consignee</td></tr>
<tr><td colspan="2">Notify Party</td></tr>
<tr><td>Pre-carriage by</td><td>Port of Loading</td></tr>
<tr><td>Vessel</td><td>Port of Transshipment</td></tr>
<tr><td>Port of Discharge</td><td>Final Destination</td></tr>
</table>

Container/Seal No. or Marks and Nos.	Number and Kind of Packages Description of Goods	Gross Weight (kgs)	Measurement (CBM)

<table>
<tr><td colspan="3">Freight and Charges</td><td>REGARDING TRANSHIPMENT INFORMATION PLEASE CONTACE</td></tr>
<tr><td rowspan="2">Ex. rate:</td><td>Prepaid at</td><td>Freight Payable at</td><td>Place and Date of Issue</td></tr>
<tr><td>Total Prepaid</td><td>Number of Original B/L</td><td>Signed for or in Behalf of the Master</td></tr>
</table>

（2）装运通知。

____

____

SHIPPING ADVICE

TO: ____________________

INVOICE NO.: ____________
S/C NO.: ____________
VALUE: ____________
L/C NO. :____________
OPEN POLICY NO. ________

DEAR SIRS,
WE HEREBY INFORM YOU THAT THE GOODS UNDER THE ABOVE MENTIONED CREDIT HAVE BEEN SHIPPED. THE DETAILS OF THE SHIPMENT ARE STATED BELOW.

COMMODITY: ____________________
NUMBER OF PKGS:____________________
TOTAL G.W.: ____________________
OCEAN VESSEL: ____________________
DATE OF DEPARTURE: ____________________
B/L NO.:____________________
PORT OF LOADING:____________________
DESTINATION: ____________________
SHIPPING MARKS: ____________________

____

____

（3）受益人证明。

____

____

BENEFICIARY'S CERTIFICATE

DATE: ____________
INVOICE NO.: ____________
L/C NO.: ____________
TO: ____________

WE HEREBY CERTIFY THAT____________________________

____

____

____

项目七

交单结汇及制作有关单证

项目引领

项目目标

技能目标：

1. 能够读懂信用证中的支付条款。

2. 能够根据合同或信用证要求准确缮制汇票。
3. 能够检查单证的准确性、完整性和一致性。

知识目标：

1. 了解汇票的种类及汇票的当事人。
2. 熟悉汇票的主要内容。
3. 了解审核单证的方法。
4. 了解出口业务交单结汇的一般程序和时限要求。

业务流程

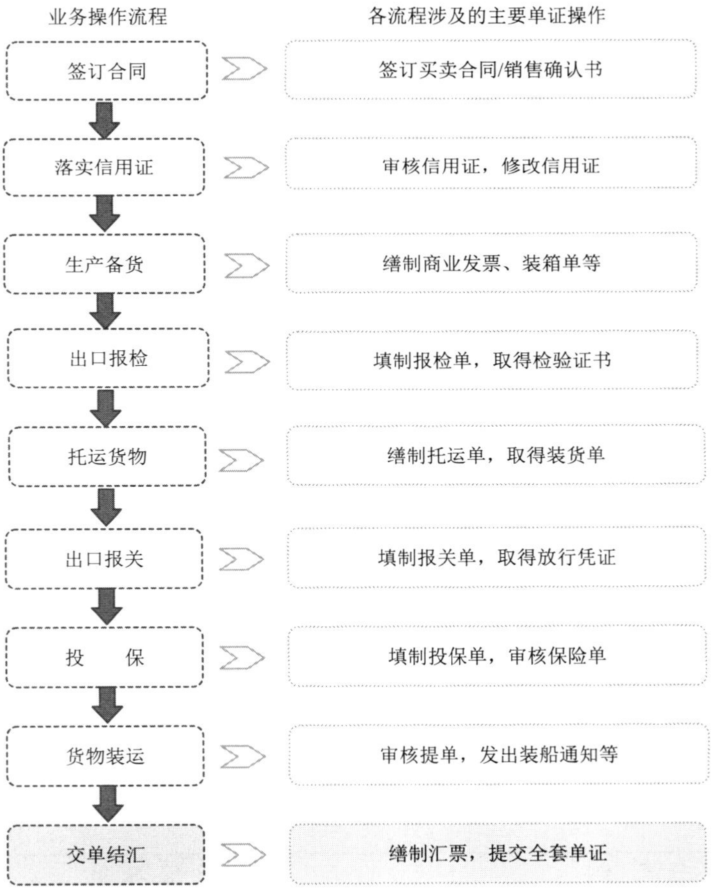

任务一　缮制汇票

职业情境

2019 年 3 月 23 日，华南运动用品进出口有限公司的单证员陈小宁在取得提单后，根据合同（见表 1-1）和信用证（见表 1-3）的规定缮制汇票，作为提交给银行收款之用。

任务要求

请根据信用证的有关条款及具体交易情况，以陈小宁的身份完成汇票的缮制。

知识准备

一、汇票

《中华人民共和国票据法》（简称《票据法》）第 19 条规定：“**汇票**是出票人签发的，委托付款人在见票时或在指定日期无条件支付确定的金额给收款人或持票人的票据。”汇票签发、提示、付款示意图如图 7-1 所示。

图 7-1　汇票签发、提示、付款

在以信用证支付的出口业务中，汇票是出口商签发的，委托开证行在见票时或在指定日期无条件支付信用证金额给收款人的商业汇票。

二、汇票的种类

汇票按不同的标准可分为不同的种类，如表 7-1 所示。

表 7-1　汇票的种类

划分标准	汇票种类
按汇票的付款时间不同	即期汇票、远期汇票
按出票人不同	银行汇票、商业汇票
按承兑人不同	银行承兑汇票、商业承兑汇票
按有无随附商业单证	光票、跟单汇票

1. 即期汇票与远期汇票

（1）即期汇票（Sight Bill）是指汇票上规定付款人见票后立即付款的汇票。

（2）远期汇票（Draft and Time Bill）是指汇票上规定付款人于将来的一定日期付款的汇票。

2. 银行汇票与商业汇票

（1）银行汇票（Banker's Bill）是指由银行签发的汇票。

（2）商业汇票（Commercial Bill）是指由工商企业或个人签发的汇票。在信用证项下，汇票是由出口商签发的商业汇票。

3. 银行承兑汇票与商业承兑汇票

（1）银行承兑汇票是指由银行承兑的远期商业汇票。

（2）商业承兑汇票是指由工商企业或个人承兑的远期商业汇票。

4. 光票与跟单汇票

（1）光票（Clean Bill）是指出具的汇票不附带商业发票、装运单证、物权凭证或其他类似的单证。在进出口业务中，对于小量货运，或是收取保险费及其他费用等款项，有时可使用光票。

（2）跟单汇票（Documentary Bill）是指需要附带提单、仓单、保险单、装箱单、商业发票等单证才能进行付款的汇票。商业汇票多为跟单汇票，在国际贸易中经常使用。

动脑筋　华南运动用品进出口有限公司的该笔出口业务中使用的汇票属于以上的哪些种类呢？

三、汇票的当事人

1. 出票人（Drawer）

出票人是指签发汇票并将汇票交给收款人的人。在进出口业务中，汇票的出票人一般是出口商。

2. 付款人（Payer）

付款人也称为受票人（Drawee）。在进出口业务中，汇票的付款人是进口商或由进口商指定的银行。在信用证项下，汇票的付款人一般是开证行。

3. 收款人（Payee）

收款人也称为受款人，即汇票的抬头人，是出票人指定的接受票款的当事人。在国际贸易中，汇票的收款人是出口商或由出口商指定的银行。

动脑筋　华南运动用品进出口有限公司的该笔出口业务中使用的汇票，其出票人、付款人和收款人分别是谁呢？

四、汇票的内容及缮制

《票据法》第22条规定：“汇票必须记载下列事项：（一）表明‘汇票’的字样；（二）无条件支付的委托；（三）确定的金额；（四）付款人名称；（五）收款人名称；（六）出票日期；（七）出票人签章。汇票上未记载前款规定事项之一的，汇票无效。”

（一）信用证项下汇票的缮制

在进出口业务中结汇使用的汇票，也应严格遵守《票据法》的要求缮制。空白汇票样单如表7-2所示。

1. 出票根据（Drawn under）

此栏一般应填写开证行名称、信用证号码和开证日期。

2. 年息（interest @　　%）

此栏由结汇银行填写，用以清算企业与银行间利息费用。

3. 号码（No.）

此栏填写商业发票的号码，在实际业务中也可留空不填。

表7-2　空白汇票样单

凭 ①
Drawn under ....　　　　⑪ 2
信用证　　　　　　第　　　　　　号
L/C No. ....
日期　　　　　　年　　　月　　　日
Dated ....
按　　　　　　息　　　　　　　　付　　款
Payable with interest @ ..... ② ..... *% per annum*
号码　　　　　　汇 票 金 额　　　　　中国. 广州　　年　月　日
No. ③ **Exchange** *for* ⑤　　④*Guangzhou,China* ....
见票　　　　　　　　　　　　　　日后（本汇票之副本未付）付
At ..... ⑥ ..... *sight of this* **SECOND** *of Exchange (First of exchange being unpaid)*
pay to the order of ..... ⑦ ..... 或其指定人
金　额　⑧
the sum of
此致
To ..... ⑨ .....
....
　　　　　　　　　　　　　　　..... ⑩ .....

4. 出票地点与日期

在信用证项下，汇票的出票地点是议付地或出票人的所在地，通常委托议付行在办理议付时代填。而出票日期即议付日期，在实务中，汇票的出票日期一般由银行填写，出口商制单时不填。应注意出票日期不得晚于信用证规定的有效期。

5. 小写金额

此栏按信用证的规定填写货币名称缩写和阿拉伯数字金额，金额数字保留小数点后两位小数，如 USD 8 650.00。在正常情况下，汇票金额应为发票金额的 100%，但不能超过信用证规定的最高金额限制。

6. 付款期限（Tenor）

此栏应严格按照信用证的规定填写，分为即期付款和远期付款两种。按照惯例，汇票没有明示付款期限的，视为即期付款。

即期汇票在付款期限的栏目中填“At sight”，或者在 At 和 sight 之间填“******”，即“At******sight”，表示见票即付。

远期汇票在付款期限的栏目中填上期限。根据付款期限的起算日期不同，常见表示方法有多种，如表 7-3 所示。

表 7-3　远期汇票的付款期限表示

付款期限的起算日期	信用证条款规定	汇票付款期限栏目中应填写的内容
以见票日期起算	Draft at 30 days sight	At 30 days after sight
以发票日期起算	Draft at 30 days from invoice date	At 30 days from invoice date
以装船日期起算	Draft at 30 days after B/L date	At 30 days after B/L date
以交单日期起算	This L/C is available with us by payment at 30 days after receipt of full set of documents at our counters.	At 30 days after receipt of full set of documents at your counters.

动脑筋　以交单日期起算的汇票付款期限为什么要填“at your counters”而不是按信用证条款填“at our counters”？

7. 受款人（Payee）

受款人即收款人，是汇票的抬头人，是出票人指定的接受票款的当事人。汇票的抬头人有多种写法，如表 7-4 所示。

表 7-4　汇票抬头的表示方式

抬 头 方 式	受款人栏目填写	中 文 意 思	可否背书转让
指示式抬头	"pay to the order of ×××"	付给×××的指定人	可背书转让
限制性抬头	"pay to×××only" "pay to×××only not transferable"	仅付给×××人 仅付给×××人，不许转让	不能背书转让
持票人抬头	"pay to bearer"	付给持票人	不用背书即可转让，风险大，极少使用

在我国的进出口业务中，指示式抬头是最普遍采用的类型，汇票的受款人一般都是以银行指示为抬头。例如，由中国银行指示作为受款人，受款人一栏应填"pay to the order of Bank of China"。

8. 大写金额（the sum of ）

由货币名称和英文大写数字组成，在"the sum of"后面顶格填写，前面不留空隙。句首可以加"SAY"（计），句尾应加上"ONLY"（整），防止涂改。例如，小写金额为 USD 4 354.00，大写金额就填"SAY U.S.DOLLARS FOUR THOUSAND THREE HUNDRED AND FIFTY FOUR ONLY."。大写金额应与上面的小写金额及所使用的货币一致，否则议付行不予接受。

9. 付款人（Payer）及付款地点

汇票的付款人即汇票的受票人（Drawee），在汇票中表示为"此致……"（To...）。付款人应按信用证的规定填写。

（1）信用证规定须开立汇票但未明确表示付款人时，应按惯例理解为开证行为付款人，即在"To"后填上开证行的名称和地址。

（2）信用证条款规定"DRAWN ON US"时，应在"To"后填上开证行的名称和地址。

（3）如果信用证中有"DRAFT DRAWN ON APPLICANT"的条款，即规定汇票的付款人为开证申请人，银行将视此汇票为一份附加的票据而不是支付命令。出口商在审核信用证时应要求开证人修改。

动脑筋　为什么不能接受以开证申请人为付款人的信用证?

10. 出票人（Drawer）

汇票出票人应该是信用证指定的受益人，即出口商。本栏应填出口商的全称，并由公司经理签署，也可盖上出口公司包括有经理字模的印章。信用证要求手签的，应照办。

11．汇票的份数

汇票是一种可以代替现金结算的支付工具，为了防止丢失，一般一式两联，即 FIRST OF EXCHANGE（第一正本联）和 SECOND OF EXCHANGE（第二正本联）。两张汇票具有同等的效力，付款人付一不付二，先到先付，后到无效。

（二）托收项下汇票的缮制

托收汇票是按合同的规定而缮制的，与信用证项下汇票缮制的区别主要有以下几点。

（1）在托收项下的汇票，出票根据一栏可以填写货物名称、数量，有的还可以注明合同号、装运港和目的港等。另外，托收汇票应在出票条款栏内或其他位置加注“For collection”。有的出票条款栏内只加此项内容而不加任何其他说明。

（2）“付款期限”一栏中，应根据合同填写“D/P AT SIGHT”、“D/P AT 30 DAYS’ SIGHT”或“D/A AT 30 DAYS’ SIGHT”。

（3）“收款人”一栏填代收行的全称。

任务实施

角色扮演

根据“职业情境”提供的信息，阅读合同（见表 1-1）、信用证（见表 1-3）及制单参考资料，以单证员陈小宁的身份完成汇票的缮制。制单参考资料如下。

议付行：BANK OF CHINA GUANGZHOU BRANCH

操作示范

汇票缮制范例如表 7-5 所示。

牛刀小试

以项目一中出现的男士 T 恤衫出口业务为例，根据合同（见表 1-2）、信用证（见表 1-5）和制单参考资料缮制一份汇票。制单参考资料如下。

议付行：BANK OF CHINA GUANGZHOU BRANCH

197 DONGFENG WEST ROAD, GUANGZHOU, CHINA

表 7-5　汇票缮制范例

凭　　　BANK OF AMERICA,
Drawn under SAN FRANCISCO,USA.

信用证　　第　　号
L/C　*No.* 2019020658NBA

日期　　年　月　日
Dated JAN.28,2019

1

按　息　付　款
Payable with interest @ ______ *% per annum*

号码　　汇票金额　　中国. 广州　年　月　日
No. ______ **Exchange** *for* USD 290 000.00　*Guangzhou, China* ______

见票　　日后（本汇票之副本未付）付
At ****** *sight of this* **FIRST** *of Exchange (Second of exchange being unpaid)*
pay to the order of BANK OF CHINA GUANGZHOU BRANCH 或其指定人

金　额
the sum of

SAY U.S. DOLLARS TWO HUNDRED AND NINETY THOUSAND ONLY.

此致
To BANK OF AMERICA,
SAN FRANCISCO, USA.

HUANAN SPORTS SERIES IMP. & EXP. CO., LTD.

技能比武

一、中英互译题

Column A	Column B
（　）1．Drawn under	A．汇付
（　）2．Negotiation	B．信汇
（　）3．Remittance	C．付款人
（　）4．Drafts at sight	D．付款交单
（　）5．Collection	E．即期汇票
（　）6．Drawee	F．依据
（　）7．M/T	G．承兑交单
（　）8．D/A	H．托收
（　）9．T/T	I．电汇
（　）10．D/P	J．议付

二、单选题

1. 出票人是工商企业或个人，付款人可以是工商企业或个人，也可以是银行的汇票是（　　）。

   A. 银行汇票　　　　B. 商业承兑汇票

   C. 商业汇票　　　　D. 银行承兑汇票

2. 在我国出口业务中，出口公司开出的汇票在信用证结算方式下出票条款应填写（　　）。

   A. 合同号码及签订日期　　　　B. 发票号码及签发日期

   C. 提单号码及签发日期　　　　D. 信用证号、开证日期、开证行名称

3. 汇票是一种代替现金的支付工具，有两份正本（即 First Exchange 和 Second Exchange），这两份正本的效力是（　　）。

   A. 付款人付一不付二　　　　B. 付二不付一

   C. 相同的，先到先付，后到无效　　　　D. 不同的

4. 信用证的汇票条款注明“Drawn on us”，则汇票的付款人应是（　　）。

   A. 开证申请人　　　　B. 开证行

   C. 通知行　　　　D. 议付行

5. 下列关于指示性抬头汇票的转让表述正确的是（　　）。

   A. 须经过背书方可转让　　　　B. 不能通过背书转让

   C. 无须背书，凭交付即可转让　　　　D. 不能转让

6. 一张汇票的收款人抬头注明“PAY TO THE ORDER OF ABC CO.”，这表示（　　）。

   A. 该汇票只能由 ABC 公司收取货款

   B. 该汇票不能转让

   C. 该汇票可以转让，但只能转让一次

   D. 该汇票可以转让，而且可一直转让下去

7. 汇票的号码一般填写（　　）。

   A. 汇票号码　　　　B. 商业发票号码

   C. 提单号码　　　　D. 银行指定号码

8. 信用证规定：“DRAFTS AT 30 DAYS SIGHT DRAWN ON SUKULA BANK LTD.”汇票的付款期限和付款人应分别填写为（　　）。

   A. AT 30 DAYS SIGHT 和 SUKULA BANK LTD

B．AT 30 DAYS SIGHT 和开证申请人名称

C．AT 30 DAYS SIGHT AND NEGOTIATED AT SIGHT DAYS 和 SUKULA BANK LTD

D．AT*** SIGHT 和开证申请人名称

9．汇票的抬头人是汇票的（　　）。

A．出票人　　B．出票银行　　C．付款人　　D．受款人

10．托收汇票一般应在出票条款栏内加注（　　）。

A．COLLECTING

B．FOR COLLECTION

C．COLLECTION

D．ON COLLECTION

三、多选题

1．汇票的基本当事人有（　　）。

A．出票人　　B．付款人　　C．收款人　　D．背书人

2．《票据法》规定汇票必须记载的事项，除了表明“汇票”字样、无条件支付委托和确定的金额以外，还有（　　），如未记载上述规定事项之一的汇票，则无效。

A．付款人名称　　B．收款人名称

C．出票日期　　D．出票人签字

3．如果信用证没有规定出票依据，那么一般要填写的内容有（　　）。

A．开证行名称　　B．开证申请人名称

C．信用证号码　　D．开证日期

4．汇票的抬头限定“PAY TO ABC CO. ONLY”，表明（　　）。

A．限付给 ABC CO.　　B．不能转让

C．可以转让　　D．凭 ABC CO.公司指示

5．托收支付方式下的出票条款一般应写上（　　），以便于查找。

A．合同号　　B．发票号

C．商品件数　　D．商品的总称

四、判断题

1．汇票是出票人承诺在见票时或在未来某一规定的或可以确定的时间，对持票

人或其指定人支付一定金额的书面文件。（　　）

2．商业汇票和银行汇票的主要区别在于前者的付款人是商业企业，后者的付款人是银行。（　　）

3．汇票出票人应该是信用证指定的受益人。（　　）

4．汇票的抬头是指汇票的出票人。（　　）

5．汇票的出票日期不得晚于信用证规定的有效期。（　　）

6．汇票通常一式两份，第一份为正本，第二份为副本，只有正本才有法律效力。（　　）

7．某出口企业开给进口商的汇票抬头上填入"仅付华南运动用品进出口有限公司"，则该汇票持有人可以通过背书转让获取汇票金额。（　　）

8．在以信用证方式收取货款的交易中，外贸出口企业必须做到单证相符、单单相符、单同相符和单货相符，其中单同相符是最重要的。（　　）

五、实操题

根据已知资料指出下列单据中填制错误的地方，并提出修改意见。

1. 已知资料

INVOICE NO.: TU231

ISSUING BANK: KUWAIT REAL ESTATE BANK

L/C NO.:SP00256　　DATED MARCH 21, 2019

INVOICE AMOUNT: USD 9785.00

BENEFICIARY: BEIJING NATIONAL NATIVE PRODUCE IMP. & EXP. CORPORATION

APPLICANT: HAMEED ALI AL TUHOO CO., KUWAIT

NEGOTIATING BANK: THE INDUSTRIAL & COMMERCIAL BANK OF CHINA

DATE OF NEGOTIATION: APRIL 18, 2019

… AVAILABLE WITH YOUR DRAFT AT 30 DAYS SIGHT DRAWN ON APPLICANT FOR THE FULL INVOICE VALUE. ALL DRAFTS MUST BE MARKED "DRAWN UNDER KUWAIT REAL ESTATE BANK"

2. 已填制的单据

汇票

凭

Drawn under KUWAIT REAL ESTATE BANK

信用证 第 号

L/C No. SP00265

日期 年 月 日

Dated MARCH.21,2019

按 息 付 款

Payable with interest @ ________ *% per annum*

号码 汇 票 金 额 中国. 广州 年 月 日

No. ________ **Exchange** *for* USD97850.00 *Guangzhou, China*

1

见票 日 后 (本 汇 票 之 副 本 未 付) 付

At *** *sight of this* **FIRST** *of Exchange (Second of exchange being unpaid)*

pay to the order of BEIJING NATIONAL NATIVE PRODUCE IMP.& EXP. CORPORATION 或 其 指 定 人

金 额

the sum of

SAY U.S. DOLLARS NINETY SEVEN THOUSAND EIGHT HUNDRED AND FIFTY ONLY.

此致

To HAMEED ALIAL TUHOO CO., KUWAIT

THE INDUSTRIAL & COMMERCIAL BANK OF CHINA

汇票缮制错误的地方有：

____

____

____

____

____

____

任务二 交单结汇

职业情境

单证员陈小宁在完成汇票的缮制后，集齐之前已经缮制好的信用证规定的全套单证进行审核，审核无误后，到银行办理交单结汇。

任务要求

在交单议付前，请以陈小宁的身份对全套单证的准确性、完整性和一致性进行审核，并了解交单结汇的程序和要求。

知识准备

一、交单与结汇的含义

交单是指信用证受益人（即出口商）在规定时间内向银行提交信用证规定的全套单证。这些单证经银行审核，根据信用证条款的不同付汇方式，由银行办理结汇。在信用证支付方式下，银行付款是以严格的单证相符、单单相符为原则的。因此，出口商为顺利收汇，向银行交付单证时应严格做到完整、正确、及时。

结汇是指信用证项下的出口单证经银行审核无误后，银行按信用证规定的付汇条件，将外汇结付给出口商。我国出口业务中使用较多的是议付信用证，也有少量使用付款信用证和承兑信用证。

二、审核单证的方法

1. 纵横审单法

纵向审单法是指以信用证与合同为基础对规定的各项单证进行逐字逐句的核对，做到单证一致。横向审单法是指完成纵向审单之后再将以发票为中心的其他单证与信用证的有关条款进行核对，做到单单一致。

2. 数字专项审单法

在单证的数量比较集中时，可以先将各种单证的所有数字，如单价、总价、数量、毛/净重、尺码、包装件数等数据进行全面的复核，然后再采用纵横审单法对其他内容进行审核。

三、交单的时限要求

受益人必须在信用证规定的交单期限内交单。按照《UCP600》的规定，信用证受益人交单期限不能迟于装运日后的 21 个日历日，任何情况下不得迟于信用证规定的交单到期日。也就是说，既要满足信用证规定的有效期，也要符合信用证规定的交单期。

资料卡

主要结汇方式介绍

（1）议付信用证。议付又称出口押汇，指出口地银行购买出口商出具的汇票和全套货运单证，议付行于审单无误后，扣除手续费和自转让汇票之日起到开证行付款之日止这段时间的利息，将其余货款给出口商。受益人（出口商）议付是可以追索的。如开证行拒付，议付行可向出口商追还已垫付的货款。

（2）付款信用证。这是信用证方式中对出口商最为有利的一种。在业务中，付款信用证通常不用汇票，国外开证行在即期付款信用证中直接指定出口地的分行或代理行为付款行，受益人直接向付款行交单。付款行付款时既不扣除汇程利息，付款后又是不可追索的。

（3）承兑信用证。承兑信用证的受益人开出远期汇票，通过国内代收行向开证行或开证行指定的银行提示，经其承兑后交单。已得到银行承兑的汇票可到期收款，也可贴现。

另外，若来证规定信用证的有效期在国外到期，出口商应尽可能争取修改信用证。在无法实现修改信用证的情况下，应提早向出口商银行交单，至少要留足出口商银行审单和邮寄单证到进口商银行所需花费的时间。

通常情况下，一旦备妥全套单证，经审核无误，出口商应立即交单。

资料卡

单证不符时的补救措施

在实际业务中，由于主观或客观原因，发生单证不符的情形是难以完全避免的。如果有较充足的时间改单或改证，做到单证相符，仍可以确保安全收汇。但如果因时间关系，无法在信用证有效期内和交单期限内做到单证相符，则要根据实际情况灵活处理。可以使用的处理方法主要有以下几种。

（1）凭保议付。在不符点并不严重时，受益人出具保证书承认单证瑕疵，声明如开证行拒付，由受益人偿还议付行所垫付款项和费用，同时电请开证人授权开证行付款。

（2）表提。如单证不符情况较为复杂，议付行把不符点开列在寄单函上，征求开证行意见，由开证行接洽申请人是否同意付款。接到肯定答复后，议付行即行议付；如申请人不予接受，开证行退单，议付行照样退单给受益人。

（3）电提。如果不符点性质严重，议付行暂不向开证行寄单，而是用电传或电报通知开证行单证不符点。如开证行同意付款，再行议付并寄单；若不同意，受益人可及早收回单证，设法采取其他补救措施。

（4）有证托收。如果单证有严重不符点，且以上方法均行不通，或者信用证有效期已过，已无法利用手上的信用证，只能委托银行在向开证行寄单函中注明“信用证项下单证作托收处理”。由于申请人已因单证不符而不同意接受，故有证托收往往遭到拒付，因此除非确有把握或万不得已，绝不能轻易采用这种方式。

任务实施

角色扮演

根据“职业情境”提供的信息，以单证员陈小宁的身份，根据信用证（见表 1-3）的规定，运用纵横审单法对已经缮制好的全套单证进行审核，判断是否达到单证一致、单单一致。

牛刀小试

以下是在中国 LWZ 进出口公司实习的同学根据信用证资料（见表 1-5）缮制的汇票（见表 7-6），请你审核已填制的栏目（标号①～⑨），判断是否正确，如有错误，请说明原因并更正。

表 7-6　某同学缮制的汇票

1

凭
Drawn under ① THE ROYAL BANK OF AMERICA
信用证　　　　第　　　　号
L/C ② *No.* 01/0501/FTC
日期　　　　年　　月　　日
Dated MAR.22,2019
按　　　　息　　　　付　款
*Payable with interest @*______*% per annum*
号码　　　　汇票金额　　　　中国. 广州　　年　月　日
No. ③01/0501-FTC **Exchange** *for* ④USD 11 440.00 *Guangzhou, China*
见票　　　　日后（本汇票之副本未付）付
At ⑤30 DAYS *sight of this* **FIRST** *of Exchange* (*Second of exchange being unpaid*)
pay to the order of ⑥ LWZ IMPORT & EXPORT COMPANY 或其指定人
金　额
the sum of ⑦
SAY U.S. DOLLARS ELEVEN THOUSAND FOUR HUNDRED AND FORTY ONLY.

此致
To ⑧ GTC TRADING CORPORATION

⑨ *BANK OF CHINA GUANGZHOU BRANCH*

技能比武

一、实操题

根据已知资料审核下列全套单据，找出填制错误的地方，并提出修改意见。

1. 信用证资料

HCPY *27 /SEQUENCE OF TOTAL	*1/1
HCPY *40B/FORM OF DOCUMENTARY CREDIT	*IRREVOCABLE
HCPY ~21/DOCUMENTARY CREDIT NUMBER	*LRT0802457
HCPY *31C/DATE OF ISSUE	*190112
HCPY *31D/DATE AND PLACE OF EXPIRY	*Date 190317 Place FINLAND
HCPY *52D/ ISSUING BANK	*METITA BANK 125 WEST STREET, HELSINKI, FINLAND （赫尔辛基，芬兰）
HCPY *50 /APPLICANT:	*TKAMLA CORPORATION AKEKSANTERINK AUTO P.O. BOX 9, FINLAND
HCPY *59 /BENEFICIARY:	*GUANGDONG IMPORT & EXPORT TRADE CO., LTD. 52 ZHONGSHAN ROAD, GUANGZHOU, CHINA
HGPY *32B/CURRENCY CODE AMOUNT	*USD 12500.00
HCPY *41D/AVAILABLE WITH...BY...	*ANY BANK IN CHINA BY NEGOTIATION
HCPY *42C/DRAFTS AT:	*DRAFTS AT 30 DAYS SIGHT FOR FULL INVOICE VALUE

HCPY *42D/DRAWEE: *METITA BANK

HCPY *43P/PARTIAL SHIPMENTS *PROHIBITED

HCPY *43T/TRANSHIPMENT *ALLOWED

HCPY *44A/LOADING IN CHARGE *GUANGZHOU

HCPY *44B/FOR TRANSPORTATION TO *HELSINKI（赫尔辛基）

HCPY *44C/LATEST DATE OF SHIPMENT *190316

HCPY *45A/DESCRIPTION OF GOODS *COTTON BLANKET

ART NO. H666 500PCS USD 5.50/PC

ART NO. HH88 500PCS USD 4.50/PC

ART NO. HE21 500PCS USD 4.80/PC

ART NO. HA56 500PCS USD 5.20/PC

ART NO. HH46 500PCS USD 5.00/PC

CIF HELSINKI

HCPY *46A/L/DOCUMENTS REQUIRED:

+ SIGNED COMMERCIAL INVOICE IN TRIPLICATE

+ PACKING LIST IN TRIPLICATE

+ CERTIFICATE OF ORIGIN GSP FORM A, ISSUED BY THE CHAMBER OF COMMERCE OR OTHER AUTHORITY DULY ENTITLED FOR THIS PURPOSE

+ 2/3 SET OF CLEAN ON BOARD OCEAN BILLS OF LADING, MADE OUT TO ORDER OF SHIPPER AND BLANK ENDORSED AND MARKED"FREIGHT PREPAID"AND NOTIFY APPLICANT.

+ FULL SET OF NEGOTIABLE INSURANCE POLICY OR CERTIFICATE BLANK ENDORSED FOR 110% OF INVOICE VALUE COVERING ALL RISKS AND WAR RISK

+ NO SOLID WOOD PACKING CERTIFICATE ISSUED BY MANUFACTURER

HCPY *71B/ CHARGES *ALL BANKING CHARGES OUTSIDE FINLAND ARE FOR ACCOUNT OF BENEFICIARY.

HCPY *48/ PERIOD FOR PRESENTATION *DOCUMENTS MUST BE PRESENTED WITHIN 15 DAYS AFTER THE DATE OF SHIPMENT BUT WITHIN THE VALIDITY OF THE CREDIT.

2. 补充资料

INVOICE NO.: XH086671

INVOICE DATE：FEB. 01, 2019

CONTRACT NO.：TC085625

PACKING：PACKED IN 250 CARTONS OF 10 PCS EACH.

PACKED IN TWO 20’CONTAINER

集装箱号：TEXU2263999；TEXU2264000；

G.W: 20.5KGS/CTN

N.W: 20KGS/CTN

MEAS: 0.2CBM/CTN

VESSEL：NANGXING V.086

B/L NO.：COCS0511861

B/L DATE: FEB.26,2019

货物由托运人负责整箱装，装运方式是集装箱堆场至集装箱堆场（CY TO CY）。

3. 已填制的单据

（1）商业发票。

广东进出口贸易有限公司

GUANGDONG IMPORT & EXPORT TRADE CO.,LTD.

52 ZHONGSHAN ROAD, GUANGZHOU, CHINA

<table>
<tr><td colspan="4" align="center">COMMERCIAL INVOICE</td></tr>
<tr><td rowspan="3">Messrs :</td><td rowspan="3">TKAMLA CORPORATION AKEKSANTERINK AUTO P.O. BOX 9,FINLAND</td><td>INVOICE NO. :</td><td>XH086671</td></tr>
<tr><td>INVOICE DATE:</td><td>FEB.01,2019</td></tr>
<tr><td>L/C NO. :</td><td>LRT0802457</td></tr>
<tr><td rowspan="2">Exporter :</td><td rowspan="2">GUANGDONG IMPORT & EXPORT TRADE CO., LTD. 52 ZHONGSHAN ROAD, GUANGZHOU, CHINA</td><td>L/C DATE :</td><td>JAN.12,2019</td></tr>
<tr><td>S/C NO. :</td><td>TC085625</td></tr>
<tr><td colspan="2">Transport details:</td><td colspan="2">Terms of payment:</td></tr>
<tr><td colspan="2">FROM GUANGZHOU TO HELSINKIBY S.S</td><td colspan="2">BY L/C</td></tr>
</table>

续表

唛头 MARKS & NUMBERS	货名 DESCRIPTION OF GOODS	数量 GUANTITY	单价 UNIT PRICE	总值 AMOUNT
T.C XH086671 HELSINKI C/NO.1-250	COTTON BLANKET		CFR HELSINNKI	
	ART NO. H666	500PCS	5.50/PC	USD2750.00
	ART NO. HH88	500PCS	4.50/PC	USD 2250.00
	ART NO. HE21	500PCS	4.80/PC	USD 2400.00
	ART NO. HA56	500PCS	5.20/PC	USD 2600.00
	ART NO. HH46	500PCS	5.00/PC	USD 2500.00
		TOTAL　CFR HELSINNKI		USD 12500.00
	TOTAL　QUANTITY:2500PCS	TOTAL PACKING: 250 CARTONS		
	TOTAL　NET WT.:　5000KGS	TOTAL GROSS WT.:　5125KGS		
	TOTAL　AMOUNT: SAY US DOLLARS TWELVE THOUSAND FIVE HUNDRED ONLY			
	WE CERTIFY THAT THE CONTENTS OF INVOICE HEREIN ARE TRUE AND CORRECT.			

GUANGDONG IMPORT & EXPORT TRADE CO., LTD.

（2）装箱单。

广 东 进 出 口 贸 易 有 限 公 司

GUANGDONG IMPORT & EXPORT TRADE CO., LTD.

52 ZHONGSHAN ROAD, GUANGZHOU, CHINA

PACKING　LIST

TEL:　86-20-87568752　　　　INVOICE NO.: XH086671

FAX:　86-20-87568763　　　　DATE: FEB.01,2019

S/CHNO.: TC085625

MARKS & NOS.

F.C
XH086671
HELSINKI
C/NO.1-250

TO: TKAMLA CORPORATION

AKEKSANTERINK AUTO P.O. BOX 9,FINLAND

GOODS DESCRIPTION & PACKING	QTY. (PCS)	CTNS	G.W (KGS)	N.W. (KGS)	MEAS. (CBM)
COTTON BLANKET					
ART NO. H666	500	50	20.5/1025	20/1000	0.2/10
ART NO. HH88	500	50	20.5/1025	20/1000	0.2/10
ART NO. HE21	500	50	20.5/1025	20/1000	0.2/10
ART NO. HA56	500	50	20.5/1025	20/1000	0.2/10
ART NO. HH46	500	50	20.5/1025	20/1000	0.2/10
TOTAL	2500	250	5125	5000	50

SAY TOTAL TWO HUNDRED AND AND FIFTY (250) CARTONS ONLY

GUANGDONG IMPORT & EXPORT TRADE CO., LTD.

（3）提单。

BILL OF LADING

<table>
<tr><td colspan="2">Shipper: GUANGDONG IMPORT & EXPORT TRADE CO., LTD. 52 ZHONGSHAN ROAD, GUANGZHOU, CHINA</td><td>B/L NO. COCS0511861</td></tr>
<tr><td colspan="2">Consignee or Order
TO ORDER OF SHIPPER</td><td>Combined Transport BILL OF LADING
RECEIVED in apparent good and condition except as otherwise noted the total……
All of this tenor and date, one of which being accomplished, the other(s) to be void.</td></tr>
<tr><td colspan="2">Notify Party
TKAMLA CORPORATION
AKEKSANTERINK AUTO P.O. BOX 9, FINLAND</td><td rowspan="3">For delivery of goods please apply to:</td></tr>
<tr><td>Pre-carriage by</td><td>Place of Loading
GUANGZHOU</td></tr>
<tr><td>Vessel
NANGXING V.086</td><td>Port of Transshipment</td></tr>
</table>

续表

Port of Discharge HELSINKI	Place of Destination	Final Destination for the Merchant's Reference only	
Container, Seal No. & Marks & Nos. TEXU2263999 TEXU2264000 T.C XH086671 HELSINKI C/NO.1-250	No. of Package & Description of Goods COTTON BLANKET TOTAL TWO HUNDRED AND FIFTY(250) CARTONS ONLY TOTAL TWO 20'CONTAINERS CY TO CY FREIGHT COLLECT	Gross Weight(kgs.) 5125KGS	Measurement(M^3) 50CBMS
REGARDING TRANSHIPMENT INFORMATION PLEASE CONTACT		FREIGHT & CHARGES FREIGHT COLLECT	
Prepaid at	Freight Payable at GUANGZHOU	Place and Date of Issue GUANGZHOU, FEB.26,2019	
Total Prepaid	No. of Original B(s)/L THREE	Stamp & Signature	

（4）汇票。

凭

Drawn under METTTA BANK

信用证　第　号

L/C No. LRT0802457

日期　年　月　日

Dated JAN.12,2019

1

按　息　付　款

*Payable with interest @*______ *% per annum*

号码　汇票金额　中国. 广州　年　月　日

*No.*____ **Exchange** *for* USD 125000.00　*Guangzhou, China*______

见票　日后(本汇票之副本未付)付

At 30 DAYS after *sight of this* **FIRST** *of Exchange* (*Second of exchange being unpaid*)

pay to the order of BANK OF CHINA, GUANGZHOU BRANCH 或其指定人

金　额

the sum of

SAY U.S. DOLLARS TWELVE THOUSAND FIVE HUNDRED ONLY.

此致

To METTTA BANK

125 WEST STREET, HELSINKI, FINLAND

GUANGDONG IMPORT & EXPORT CO., LTD

经审核，上列单据缮制错误的地方有：

项目八

全真实战演练

项目引领

技能目标：

熟练掌握在出口合同履行的过程中不同支付方式下各种出口业务单证的制作。

1. 电汇方式下的出口业务制单。
2. 托收方式下的出口业务制单。
3. 信用证方式下的出口业务制单。

知识目标：

了解不同支付方式下出口业务流程。

职业情境

广州机械进出口有限公司是一家从事进出口业务多年的国营外贸企业，有着广泛的外销渠道和众多的国外客户，每年出口商品的数量巨大。该公司的单证员每天都要处理很多单证，请你以该公司单证员张兰的身份完成以下单证的制作。

任务一　电汇方式下的出口业务制单演练

任务要求

根据合同和有关资料准确制作以下出口货运单证，保证货物的顺利出运。

（1）商业发票的缮制。

（2）装箱单的缮制。

（3）托运单的缮制。

（4）报检单的填制。

（5）报关单的填制。

一、合同资料

销售合同如表 8-1 所示。

表 8-1　销售合同

广州机械进出口有限公司

GUANGZHOU MACHINERY I. & E. LIMITED

15/F. GUIGUAN BUILDING, 787-811,JIEFANG RD. N., GUANGZHOU, CHINA

Tel.:86-20-83640082　Fax: 86-20-83640083

销售合同

SALES　CONTRACT

买方：　　合同号码：

The Buyer: ESOMONU BRUNO　　S/C No.: E6M02-086

买方地址：　　签约日期：

Address: VENDAS P.C.322,MOZAMBIQUE　　Date: MAY 25,2019

签约地点：

Signed At: GUANGZHOU

兹经买卖双方同意由卖方出售买方购进下列货物，按下列条款签订本合同：

This contract is made by and between the Seller and the Buyer whereby the Seller agree to sell and the Buyer agree to buy the undermentioned goods according to the terms and conditions stipulated below :

商品名称、规格及包装 Name of Commodity and Specification, Packing	数量 Quantity	单价 Unit Price	总值 Total Amount
RADIO ITEM NO.1330 ITEM NO.803 % more or less allowed on the quantities and total value	9 450 PCS 1 050 PCS	CFR DAR ES SALAAM USD 2.67/PC USD 3.04/PC	USD 25 231.50 USD 3 192.00
		合同总值 Total Value　USD 28 423.50	

续表

1. 价格条件 Price Term: CFR DAR ES SALAAM（坦桑尼亚首都：达累斯萨拉姆） 2. 装运口岸 Port of Loading: GUANGZHOU 目的口岸 Port of Destination: DAR ES SALAAN 允许分批、允许转船 Partial Shipment and Transshipment Allowed 3. 交货期 Time of Shipment: JUN.30,2019 4. 装运标志 Shipping Marks: RADIO ITEM NO. 5. 付款条件 Term of Payment: BY T/T 6. 保险 Insurance: COVERED BY THE BUYER 7. 商品检验 Inspection 8. 特别条款：详见背面的一般条款，该条款为本合同之不可分割部分。 Special Clause: The General Terms, which are specified overleaf, constitute an inseparable part to this Contract. 9. 附加条款 Additional Clause 卖 方 / The Seller / GUANGZHOU MACHINERY I. & E. LIMITED 买 方 / The Buyer / ESOMONU BRUNO

二、有关资料

发票号：1907LY033　　发票日期：2019 年 6 月 15 日

托运日期：2019 年 6 月 20 日　　运费：USD 2 200.00/20’

包装：15 台/纸箱　　毛重：13 千克/箱　　净重：12 千克/箱

外箱尺码：货号 1330　37.5CM×24.5CM×42.5CM/箱

货号 803　39CM×26CM×42.5CM/箱

报检单位登记号：4419030745　　报检日期：2019 年 6 月 23 日

H.S.编码：8527.3900　　产地：东莞

货物堆存地点：黄埔仓库　　出口口岸：黄埔关区（5200）

经营单位代码：HJ4401913068　　申报日期：2019 年 6 月 25 日

集装箱号：CCPU7337389　　生产厂家：东莞市宏兴电子有限公司

任务实施

请以该公司单证员张兰的身份完成表 8-2 至表 8-6 所示单证的制作。

表 8-2 商业发票

Issuer:		商业发票 **COMMERCIAL INVOICE**		
To:		Invoice No.		Date
Transport Details:		S/C No.		L/C No.
Marks and Nos.	Description of Goods	Quantity	Unit Price	Amount

TOTAL VALUE IN WORDS:

表 8-3　装箱单

<table>
<tr><td colspan="3">Issuer:</td><td colspan="4">装 箱 单
PACKING LIST</td></tr>
<tr><td colspan="3" rowspan="2">To:</td><td colspan="2">Invoice No.</td><td colspan="2">Date</td></tr>
<tr><td colspan="2">S/C No.</td><td colspan="2">L/C No.</td></tr>
<tr><td>Marks & Numbers</td><td>C/No.</td><td>Numbers and Kinds of Packages; Description of Goods</td><td>Quantity</td><td>G. W. (KGS)</td><td>N.W. (KGS)</td><td>MEAS. (CBM)</td></tr>
<tr><td></td><td></td><td></td><td></td><td></td><td></td><td></td></tr>
<tr><td>Total</td><td></td><td></td><td></td><td></td><td></td><td></td></tr>
</table>

TOTAL PACKAGES IN WORDS:

表 8-4 出口货物托运单

中国外运广州公司

出口货物托运单

提单编号________ 托运日期________ 托运单位编号________

合约编号________

船名________ 船期________ 运往地点________

托运人________

收货人________

通知人________

<table>
<tr><td rowspan="2">标记及号码</td><td rowspan="2">件数</td><td rowspan="2" colspan="2">货名</td><td colspan="2">重量（千克）</td><td rowspan="2" colspan="2">容积（吨）</td></tr>
<tr><td>净重</td><td>毛重</td></tr>
<tr><td></td><td></td><td colspan="2"></td><td></td><td></td><td colspan="2"></td></tr>
<tr><td colspan="4">合计：</td><td colspan="4">共重：</td></tr>
<tr><td>特约事项</td><td colspan="7"></td></tr>
<tr><td>可否转船</td><td colspan="3"></td><td colspan="4">（托运人盖章）</td></tr>
<tr><td>可否分批</td><td colspan="3"></td><td colspan="4">需要提单正本　　份　副本　　份</td></tr>
<tr><td>货物堆存地点</td><td></td><td>装船期限</td><td colspan="2"></td><td>结汇期限</td><td colspan="2"></td></tr>
<tr><td>运费交付方式</td><td colspan="3"></td><td colspan="2">运费账单开送</td><td colspan="2"></td></tr>
<tr><td>信用证号码</td><td colspan="2"></td><td>货价</td><td colspan="4"></td></tr>
<tr><td>运往香港船名</td><td colspan="2"></td><td colspan="2">实际装船日期</td><td colspan="3"></td></tr>
<tr><td colspan="2">运费吨：</td><td colspan="2">运费率：</td><td colspan="4">运费金额：</td></tr>
</table>

表 8-5　出境货物报检单

中华人民共和国出入境检验检疫
出境货物报检单

报检单位（加盖公章）：　　　　　　　　　　　　　　　　　　　　*编号 ____________

报检单位登记号：　　　　联系人：　　　　电话：　　　　*报检日期：

发货人	（中文）				
	（外文）				
收货人	（中文）				
	（外文）				
货物名称（中/外文）	H.S.编码	产地	数/重量	货物总值	包装种类及数量
运输工具名称号码		贸易方式		货物存放地点	
合同号		信用证号		用途	
发货日期		输往国家（地区）		许可证/审批号	
起运地		到达口岸		生产单位注册号	
集装箱规格、数量及号码					

合同订立的检验检疫条款或特殊要求	标记及号码	随附单证（画“√”或补填）	
		□合同 □信用证 □发票 □换证凭单 □装箱单 □厂检单	□包装性能结果单 □许可/审批文件

需要证单名称（画“√”或补填）				*检验检疫费	
□品质证书	__正__副	□植物检疫证书	__正__副	总金额 （人民币元）	
□重量证书	__正__副	□熏蒸/消毒证书	__正__副		
□数量证书	__正__副	□出境货物换证凭单			
□兽医卫生证书	__正__副	□出境货物通关单		计费人	
□健康证书	__正__副	□			
□卫生证书	__正__副	□		收费人	
□动物卫生证书	__正__副	□			

报检人郑重声明：	领取证单	
1．本人被授权报检。 2．上列填写内容正确属实，货物无伪造或冒用他人的厂名、标志、认证标志，并承担货物质量责任。 签名：	日期	
	签名	

注：有“*”栏由出入境检验检疫机关填写　　　　◆国家出入境检验检疫局制　[1-2（2000.1.1）]

表 8-6　出口货物报关单

中华人民共和国出口货物报关单

预录入编号：　　　　　　　　　　海关编号：

收发货人		出口口岸	出口日期	申报日期
生产销售单位		运输方式	运输工具名称	提运单号
申报单位		监管方式	征免性质	备案号
贸易国（地区）	运抵国（地区）		指运港	境内货源地
许可证号	成交方式	运费	保费	杂费
合同协议号	件数	包装种类	毛重（千克）	净重（千克）
集装箱号	随附单证			
标记唛码及备注				

项号	商品编号	商品名称、规格型号	数量及单位	最终目的国(地区)	单价	总价	币制	征免

特殊关系确认：　　　　价格影响确认：　　　　支付特许权使用费确认：

录入员　录入单位 报关人员	兹声明对以上内容承担如实申报、依法纳税之法律责任 申报单位（盖章）	海关批注及盖章

任务二　托收方式下的出口业务制单演练

任务要求

根据合同和有关资料准确制作以下出口结汇单证，顺利完成结汇工作。

（1）商业发票的缮制。

（2）装箱单的缮制。

（3）一般原产地证书的缮制。

（4）保险单的填制。

（5）提单的缮制。

（6）汇票的缮制。

一、合同资料

销售合同如表 8-7 所示。

表 8-7　销售合同

广州机械进出口有限公司

GUANGZHOU MACHINERY I. & E. LIMITED

15/F. GUIGUAN BUILDING, 787-811,JIEFANG RD. N., GUANGZHOU, CHINA

Tel.:86-20-83640082　Fax: 86-20-83640083

销售合同

SALES　CONTRACT

买方： The Buyer:	CROSS IMPEX	合同号码：S/C No.:	C201901THO23
		签约日期：Date:	APR.25,2019
		签约地点： Signed At:	GUANGZHOU
买方地址： Address:	B-3/281, PASCHIM VIHAR, NEW DEHLI-110093, INDIA		

兹经买卖双方同意由卖方出售买方购进下列货物，按下列条款签订本合同：

This contract is made by and between the Seller and the Buyer whereby the Seller agree to sell and the Buyer agree to buy the undermentioned goods according to the terms and conditions stipulated below :

商品名称、规格及包装 Name of Commodity and Specification, Packing	数量 Quantity	单价 Unit Price	总值 Total Amount
Table Lamp No.E-7360 (17″), Shape Size: 16″	1 800 PCS	USD 4.10	USD 7 380.00

续表

No.E-2370 (14″), Shape Size: 14″ No.E-1060 (10.5″), Shape Size: 10″ % more or less allowed on the quantities and total value	1 440 PCS 3 600 PCS	USD 3.30 USD 2.25	USD 4 752.00 USD 8 100.00
		合同总值 Total Value	USD 20 232.00

1. 价格条件 Price Term: CIF NEW DEHLI
2. 装运口岸 Port of Loading: GUANGZHOU　　目的口岸 Port of Destination: NEW DEHLI

   允许分批、允许转船 Partial Shipment and Transshipment Allowed
3. 交货期 Time of Shipment: MAY 30,2019
4. 装运标志 Shipping Marks: SS-2316

   C/No.
5. 付款条件 Term of Payment: D/P AT SIGHT
6. 包装条件 Packing:

   E-7360　For Base : 6 PCS per Carton W/Egg Crate Packing

   For Shade: 6 PCS per Inner Box then 6 Inner Boxes in 1 Carton

   E-2370　For Base : 6 PCS per Carton W/Egg Crate Packing

   For Shade: 6 PCS per Inner Box then 8 Inner Boxes in 1 Carton

   E-1060　For Base : 12 PCS per Carton W/Egg Crate Packing

   For Shade: 12 PCS per Inner Box then 6 Inner Boxes in 1 Carton
7. 保险 Insurance: Covering All Risks as per Ocean Marine Cargo Clauses (1/1/1981) of the People's Insurance Company of China.
8. 特别条款：详见背面的一般条款，该条款为本合同之不可分割部分。

   Special Clause: The General Terms, which are specified overleaf, constitute an inseparable part to this Contract.
9. 附加条款 Additional Clause

卖 方 The Seller	买 方 The Buyer
GUANGZHOU MACHINERY I. & E. LIMITED	CROSS IMPEX

二、有关资料

发票号：20M (1) 5-041

发票日期：2019 年 5 月 10 日

包装：（1）型号 E-7360

灯座　6 台/箱　净重：4.5KG/箱　毛重：6KG/箱

尺码：50CM×33CM×43CM

灯罩　36 个/箱　净重：6.5KG/箱　毛重：9KG/箱

尺码：85CM×42CM×36CM

（2）型号 E-2370

灯座　6 台/箱　净重：5.5KG/箱　毛重：7KG/箱

尺码：41CM×27CM×37CM

灯罩　48 个/箱　净重：8KG/箱　毛重：10KG/箱

尺码：75CM×37CM×36CM

（3）型号 E-1060

灯座　12 台/箱　净重：6KG/箱　毛重：8KG/箱

尺码：58CM×44CM×25CM

灯罩　72 个/箱　净重：8KG/箱　毛重：10KG/箱

尺码：55CM×27CM×38CM

提单号：068685

船名和航次：APL GERMANY　V. N025-1

提单日期：2019 年 5 月 22 日

集装箱号：TRIU9034982/026202

保险单号：PEXP4401A113504

原产地证书号：3219640

原产地证书申报员：李亮

H.S.编码：9405.2000

托运人负责装箱、计数和封箱。

任务实施

请以该公司单证员张兰的身份完成表 8-8 至表 8-13 所示单证的制作。

表 8-8 商业发票

<table>
<tr><td colspan="5" align="center">广州机械进出口有限公司
GUANGZHOU MACHINERY I. & E. LIMITED
15/F.GUIGUAN BUILDING,787-811,JIEFANG RD.N.,GUANGZHOU,CHINA

COMMERCIAL INVOICE</td></tr>
<tr><td colspan="3" rowspan="2">TO:</td><td colspan="2">INVOICE NO.:
DATE:</td></tr>
<tr><td colspan="2">S/C NO.:
L/C NO.:</td></tr>
<tr><td colspan="2">FROM: ____________</td><td colspan="3">TO: ____________</td></tr>
<tr><td>MARKS</td><td>DESCRIPTION OF GOODS</td><td>QUANTITY</td><td>UNIT PRICE</td><td>AMOUNT</td></tr>
<tr><td></td><td></td><td></td><td></td><td></td></tr>
<tr><td colspan="5"></td></tr>
<tr><td colspan="5">TOTAL:</td></tr>
</table>

表 8-9　装箱单

<table>
<tr><td colspan="6">广州机械进出口有限公司
GUANGZHOU MACHINERY I. & E. LIMITED
15/F.GUIGUAN BUILDING,787-811,JIEFANG RD.N.,GUANGZHOU,CHINA

PACKING LIST
==================</td></tr>
<tr><td colspan="3" rowspan="2">TO:</td><td colspan="3">DATE:</td></tr>
<tr><td colspan="3">INVOICE NO.:
S/C NO.:</td></tr>
<tr><td colspan="6">FROM: ____________________ TO: ____________________</td></tr>
<tr><td>标记
Shipping Marks</td><td>件数
Quantity</td><td>货名
Description of Goods</td><td>净重
N.W.</td><td>毛重
G.W.</td><td>尺码
Measurement</td></tr>
<tr><td colspan="6">

TOTAL:</td></tr>
</table>

表 8-10　一般原产地证书

<table>
<tr><td colspan="2">Exporter</td><td colspan="3" rowspan="2">Certificate No.

CERTIFICATE OF ORIGIN
OF
THE PEOPLE'S REPUBLIC OF CHINA</td></tr>
<tr><td colspan="2">Consignee</td></tr>
<tr><td colspan="2">Means of transport and route</td><td colspan="3" rowspan="2">For certifying authority use only</td></tr>
<tr><td colspan="2">Country/Region of destination</td></tr>
<tr><td>Marks and numbers</td><td>Numbers and kinds of packages; description of goods</td><td>H.S. code</td><td>Quantity or weight</td><td>Number and date of invoice</td></tr>
<tr><td colspan="2">Declaration by the exporter
The undersigned hereby declares that the above details and statements are correct; that all the goods were produced in China and that they comply with the Rules of Origin of the People's Republic of China

……………………………………………………………
Place and date, signature and stamp of certifying authority</td><td colspan="3">Certification
It is hereby certified that the declaration by the exporter is correct

……………………………………………………
Place and date, signature and stamp of certifying authority</td></tr>
</table>

表 8-11　货物运输保险单

PICC

中国人保财险

北京2008年奥运会保险合作伙伴

OFFICIAL INSURANCE PARTNER OF THE BEIJING 2008 OLYMPIC GAMES

货物运输保险单

CARGO TRANSPORTATION INSURANCE POLICY

总公司设于北京　　一九四九年创立

Head Office Beijing　　Established in 1949

发票号（INVOICE NO.）:　　保单号次

合同号（CONTRACT NO.）:　　POLICY NO.

信用证号（L/C NO.）:

被保险人（INSURED）:

中国人民财产保险股份有限公司（以下简称本公司）根据被保险人的要求，由被保险人向本公司缴付约定的保险费，按照本保险单承保险别和背面所载条款与下列特款承保下述货物运输保险，特立本保险单。

THIS POLICY OF INSURANCE WITNESSES THAT PICC PROPERTY AND CASUALTY COMPANY LIMITED (HEREINAFTER CALLED “THE COMPANY”), AT THE REQUEST OF THE INSURED AND IN CONSIDERATION OF THE AGREED PREMIUM PAID TO THE COMPANY BY THE INSURED, UNDERTAKES TO INSURE THE UNDERMENTIONED GOODS IN TRANSPORTATION SUBJECT TO THE CONDITIONS OF THIS OF THIS POLICY AS PER THE CLAUSES PRINTED OVERLEAF AND OTHER SPECIAL CLAUSES ATTACHED HEREON.

标　记 MARKS&NOS.	包装及数量 QUANTITY	保险货物项目 DESCRIPTION OF GOODS	保险金额 AMOUNT INSURED

总保险金额 TOTAL AMOUNT INSURED: ______________________________

保费:　　起运日期 :　　装载运输工具:

PREMIUM : AS ARRANGED DATE OF COMMENCEMENT: ___________ PER CONVEYANCE: ______

自　　经　　至

FROM　　VIA　　TO

承保险别:

CONDITIONS:

所保货物，如发生保险单项下可能引起索赔的损失或损坏，应立即通知本公司下述代理人查勘。如有索赔，应向本公司提交保单正本（本保险单共有____份正本）及有关文件。如一份正本已用于索赔，其余正本自动失效。

IN THE EVENT OF LOSS OR DAMAGE WITCH MAY RESULT IN A CLAIM UNDER THIS POLICY,IMMEDIATE NOTICE MUST BE GIVEN TO THE COMPANY'S AGENT AS MENTIONED HEREUNDER.CLAIMS, IF ANY, ONE OF THE ORIGINAL POLICY WHICH HAS BEEN ISSUED IN____ORIGINAL(S) TOGETHER WITH THE RELEVENT DOCUMENTS SHALL BE SURRENDERED TO THE COMPANY. IF ONE OF THE ORIGINAL POLICY HAS BEEN ACCOMPLISHED, THE OTHERS TO BE VOID.

中国人民财产保险股份有限公司广州市分公司

PICC Property and Casualty Company Limited, Guangzhou

赔款偿付地点

CLAIM PAYABLE AT____________________

出单日期

ISSUING DATE________________

表 8-12 提单

<table>
<tr><td colspan="2">Shipper</td><td rowspan="6">B/L No.:

中国外运广州公司
SINOTRANS GUANGZHOU COMPANY
OCEAN BILL OF LADING
SHIPPED on board in apparent good order and condition (unless otherwise indicated) the goods or packages specified herein and to be discharged at the mentioned port of discharge or as near thereto as the vessel may safely get and be always afloat.
The weight, measure, marks and numbers, quality, contents and value being particulars furnished by the shipper, are not checked by the carrier on loading.
The shipper, consignee and the holder of this Bill of Lading hereby expressly accept and agree to all printed, written or stamped provisions, exceptions and conditions of this Bill of Lading, including those on the back hereof.
IN WITNESS whereof the number of original Bills if lading stated below have been signed, one of which being accomplished, the other to be void.</td></tr>
<tr><td colspan="2">Consignee</td></tr>
<tr><td colspan="2">Notify Party</td></tr>
<tr><td>Pre-carriage by</td><td>Port of Loading</td></tr>
<tr><td>Ocean Vessel Voy. No.</td><td>Port of Transshipment</td></tr>
<tr><td>Port of Discharge</td><td>Final Destination</td></tr>
</table>

<table>
<tr><td>Container/Seal No. or Marks and Nos.</td><td>Number of Containers or Packages</td><td>Description of Goods</td><td>Gross Weight (KGS)</td><td>Measurement (CBM)</td></tr>
<tr><td colspan="5">Total Number of Containers and/or Packages(in Words)</td></tr>
</table>

<table>
<tr><td>Freight and Charges</td><td>Revenue Tons</td><td>Rate</td><td>Per</td><td>Prepaid</td><td>Collect</td></tr>
<tr><td>Ex. Rate</td><td>Prepaid at</td><td colspan="2">Payable at</td><td colspan="2">Place and Date of Issue</td></tr>
<tr><td></td><td>Total Prepaid</td><td colspan="2">No. of Original B(s)/L</td><td colspan="2">Signed for the Carrier:</td></tr>
</table>

表 8-13 汇票

凭
Drawn under ....

1

信用证　　　　　　第　　　　　　号
L/C　No. ....
日期　　　　　　年　　　月　　　日
Dated ....
按　　　　息　　　　　　　　付　款
Payable with interest @ ....% per annum
号码　　　　　汇 票 金 额　　　　中国. 广州　　年　月　日
No. .... **Exchange** for　　　　Guangzhou,China ....
见票　　　　　　　　　　　　　日后（本汇票之副本未付）付
At .... sight of this **SECOND** of Exchange (First of exchange being unpaid)
pay to the order of .... 或 其 指 定 人
金　额
the sum of

此致
To ....
....

....

任务三 信用证方式下的出口业务制单演练

任务要求

根据信用证（以 CIF 贸易术语成交）和有关资料准确制作以下出口结汇单证，顺利完成结汇工作。

（1）商业发票的缮制。

（2）装箱单的缮制。

（3）提单的缮制。

（4）投保单的填制。

（5）保险单的填制。

（6）普惠制原产地证书的缮制。

（7）汇票的缮制。

一、信用证资料

信用证如表 8-14 所示。

表 8-14　信用证

ABN·AMRO

ABN AMRO BANK N.V., ROTTERDAM BRANCH
COOLSINGEL 119
3012 AG ROTTERDAM, NETHERLANDS

DATE OF ISSUE:
9 JULY,2019

IRREVOCABLE DOCUMENTARY CREDIT NO.: A7A9903054	
BENEFICIARY: GUANGZHOU MACHINERY I. & E. LIMITED 15/F, GUIGUAN BUILDING, 787-811, JIEFANG RD., N. GUANGZHOU, CHINA	APPLICANT: MARSKRAMER B.V., POSTBUS 126, 2800 AC GOUDA, THE NETHERLANDS
ADVISING BANK: BANK OF CHINA YANJIANG BR YANJIANG 529500, GUANGDONG, PR CHINA	AMOUNT: USD 22 453.20 (USD TWENTY TWO THOUSAND FOUR HUNDRED FIFTY THREE AND CENTS TWENTY ONLY)
PARTIAL SHIPMENT: NOT ALLOWED TRANSSHIPMENT : ALLOWED	DATE AND PLACE OF EXPIRY: 19 SEPT.,2019 CHINA
SHIPMENT FROM: GUANGZHOU TO: ROTTERDAM SHIPMENT PERIOD: BETWEEN 1 SEPTEMBER, 2019 AND 11 SEPTEMBER, 2019	CREDIT AVAILABLE WITH: ANY BANK BY NEGOTIATION DRAFTS AT: SIGHT FOR FULL INVOICE VALUE OF GOODS DRANN ON THE ISSUING BANK
DOCUMENTS REQUIRED: 1. SIGNED INVOICE IN 5-FOLD, EVIDENCING THAT THE GOODS ARE OF P. R. OF CHINA ORIGIN. 2. FULL SET OF 3/3 ORIGINALS PLUS 2 NON-NEGOTIABLE COPIES OF CLEAN ON BOARD OCEAN BILLS OF LADNG ISSUED BY EVERGREEN MARINE CORP. AND SIGNED BY SAME OR THEIR AGENTS, MADE OUT TO THE ORDER OF ISSUING BANK MARKED FREIGHT PREPAID NOTIFY APPLICANT. 3.PACKING/WEIGHT/MEASUREMENT LIST IN 4 FOLD, SPECIFYING THE CONTENTS OF EACH CONTAINER MENTIONED ON THE BILL OF LADING. 4. ONE ORIGINAL PLUS PHOTOCOPY OF G.S.P. CERTIFICATE OF CHINA ORIGIN FORM A ISSUED BY GOVERNMENTAL AUTHORITIES, CERTIFYING THE GOODS ARE DESTINED FOR EXPORT TO THE NETHERLANDS. 5. INSURANCE POLICY/CERTIFICATE, ISSUED TO THE APPLICANT(AS INDICATED ABOVE), COVERING RISKS AS PER “INSTITUTE CARGO CLAUSES(A)”, AND “INSTITUTE WAR CLAUSES(CARGO)”, FOR AT LEAST 110PCT OF CIF VALUE, SHOWING CLAIMS IF ANY PAYABLE IN NETHERLANDS. ....TO BE CONTINUED ON PAGE 2..	

ABN·AMRO

ROTTERDAM BRANCH

ATTACHED TO AND FORMS PART OF CREDIT NO. A7A9903054　　PAGE 2

DATE OF ISSUE:	BENEFICIARY:
9 JULY,2019	GUANGZHOU MACHINERY I. & E. LIMITED 15/F, GUIGUAN BUILDING, 787-811, JIEFANG RD., N. GUANGZHOU, CHINA

GOODS:

KITCHEN SCALE

ITEM NO.	QUANTITY (PCS)	USD/PC
KM100091MI	2 520	8.91

GOODS AS PER SALES CONFIRMATION NO. AS-19040390 DATED 26TH APRIL,2019, COVERED BY ORDER 53511.

PRICE TERMS : CIF ROTTERDAM

ADDITIONAL CONDITIONS:

+ DOCUMENTS MUST EVIDENCE THAT ALL EXPORT CARTONS ARE TOPMARKED: MK.
+ BILL OF LADING MUST EVIDENCE SHIPMENT EFFECTED IN 1 X 20' CONTAIN ON FCL/FCL BASIS.
+ DOCUMENTS MUST BE PRESENTED WITHIN 15 DAYS AFTER SHIPMENT DATE BUT IN ANY EVENT NOT LATER THAN THE EXPIRY DATE OF THIS CREDIT.
+ A EUR50.00 OR EQUIVALENT CHARGE PLUS ALL RELATIVE CABLE CHARGES WILL BE DEDUCTED FROM THE REIMBURSEMENT CLAIM FOR EACH RESENTATION OF DISCREPANT DOCUMENTS UNDER THIS DOCUMENTARY CREDIT.
  NOTWITHSTANDING ANY INSTRUCTIONS TO THE CONTRARY, THESE CHARGES SHALL BE FOR THE ACCOUNT OF THE BENEFICIARY.

DETAILS OF CHARGES:　　ALL CHARGES OUTSIDE COUNTRY OF ISSUE FOR ACCOUNT OF　　BENEFICIARY/EXPORTER

CONFIRMATION INSTRUCTION: WITHOUT

INFORMATION TO NEGOTIATING/PRESENTING BANK:

+ ON RECEIPT OF DOCS IN ROTTERDAM CONFORMING TO THE TERMS OF THIS DOCUMENTARY CREDIT, WE UNDERTAKE TO REIMBURSE YOU IN THE CURRENCY OF THIS CREDIT IN ACCORDANCE.

....TO BE CONTINUED ON PAGE 3................................

ABN·AMRO

ROTTERDAM BRANCH

ATTACHED TO AND FORMS PART OF CREDIT NO. A7A9903054 PAGE 3

DATE OF ISSUE:	BENEFICIARY:
9 JULY,2019	GUANGZHOU MACHINERY I. & E. LIMITED 15/F, GUIGUAN BUILDING, 787-811, JIEFANG RD., N. GUANGZHOU, CHINA

WITH YOUR INSTRUCTIONS. NEGOTIATING BK'S DISCOUNT AND/OR INTEREST, IF ANY PRIOR TO REIMBURSEMENT BY US ARE FOR ACCOUNT OF BENEFICIARY.

THE REIMBURSEMENT UNDER THIS DOCUMENTARY CREDIT, IF APPLICABLE, IS SUBJECT TO THE UNIFORM RULES FOR BANK TO BANK REIMBURSEMENTS,ICC PUBLICATION NO.525. EXCEPT SO FAR AS OTHERWISE EXPRESSLY STATED, THIS DOCUMENTARY CREDIT IS SUBJECT TO UNIFORM CUSTOMS AND PRACTICE FOR DOCUMENTARY CREDITS (2007 REVISION) INTERNATIONAL CHAMBER OF COMMERCE PUBLICATION NO. 600.

********************THIS DOCUMENT CONSISTS OF 3 PAGES*******************

ABN AMRO BANK N.V., ROTTERDAM BRANCH

二、有关资料

发票号：1907HL038

运输唛头：

M K

ROTTERDAM

ORDER NR.:53511

ITEM NR.:144010

CONTENTS:8PCS

C/NO.1-UP

提单签发日期：2019 年 9 月 14 日

发票日期：2019 年 8 月 26 日

包装：8PCS/CTN

净重：13.60KGS/CTN

毛重：15.00KGS/CTN

尺码：55CM×45CM×38CM/CTN

船名和航次：PUTUN SARN V.1093

集装箱号：MANU1006290(1X20')

提单号：CAN1103016

保险单号：7790230

商品编码：8423.8120　　原产地证书号：GZ9/80016/0610
原产地证书申报员：李亮　　生产单位：广东中山香山衡器厂
原材料情况：完全中国产，不含有任何进口成分

任务实施

请以该公司单证员张兰的身份完成表 8-15 至表 8-21 所示单证的制作。

表 8-15　商业发票

<table>
<tr><td colspan="2">Issuer:</td><td colspan="3">商业发票
COMMERCIAL INVOICE</td></tr>
<tr><td colspan="2">To:</td><td colspan="2">Invoice No.</td><td>Date</td></tr>
<tr><td colspan="2">Transport Details:</td><td colspan="2">S/C No.</td><td>L/C No.</td></tr>
<tr><td>Marks and Nos.</td><td>Description of Goods</td><td>Quantity</td><td>Unit Price</td><td>Amount</td></tr>
<tr><td></td><td></td><td></td><td></td><td></td></tr>
</table>

TOTAL VALUE IN WORDS:

表 8-16 装箱单

<table>
<tr><td colspan="4">Issuer:</td><td colspan="4">装 箱 单
PACKING LIST</td></tr>
<tr><td colspan="4" rowspan="2">To:</td><td colspan="2">Invoice No.</td><td colspan="2">Date</td></tr>
<tr><td colspan="2">S/C No.</td><td colspan="2">L/C No.</td></tr>
<tr><td>Marks & Numbers</td><td>C/No.</td><td colspan="2">Numbers and Kinds of Packages; Description of Goods</td><td>Quantity</td><td>G. W. (KGS)</td><td>N.W. (KGS)</td><td>MEAS. (CBM)</td></tr>
<tr><td></td><td></td><td colspan="2"></td><td></td><td></td><td></td><td></td></tr>
<tr><td>Total</td><td></td><td colspan="2"></td><td></td><td></td><td></td><td></td></tr>
</table>

TOTAL PACKAGES IN WORDS:

表 8-17 提单

EVERGREEN LINE

<table>
<tr><td colspan="4">Shipper/Exporter</td><td colspan="4">B/L No.</td></tr>
<tr><td colspan="4">Consignee (complete name and address)</td><td colspan="4" rowspan="2">COMBINED TRANSPORT BILL OF LADING
SHIPPED on board in apparent good order and condition (unless otherwise indicated) the goods or packages specified herein and to be discharged at the mentioned port of discharge or as near thereto as the vessel may safely get and be always afloat.
The weight, measure, marks and numbers, quality, contents and value being particulars furnished by the shipper, are not checked by the carrier on loading.
The shipper, consignee and the holder of this Bill of Lading hereby expressly accept and agree to all printed, written or stamped provisions, exceptions and conditions of this Bill of Lading, including those on the back hereof.
IN WITNESS whereof the number of original Bills if Lading stated below have been signed, one of which being accomplished, the other to be void.</td></tr>
<tr><td colspan="4">Notify Party (complete name and address)</td></tr>
<tr><td colspan="2">Pre-carriage by</td><td colspan="2">Place of Receipt</td><td colspan="4" rowspan="2">For Delivery of Goods Please Apply to :</td></tr>
<tr><td colspan="2">Ocean Vessel Voy. No.</td><td colspan="2">Port of Loading</td></tr>
<tr><td colspan="2">Port of Discharge</td><td colspan="2">Place of Delivery</td><td colspan="4">Final Destination for the Merchant's Reference only</td></tr>
<tr><td colspan="2">Container, Seal No. & Marks & Nos.</td><td colspan="4">No. of Packages & Description of Goods</td><td>Gross Weight (KGS)</td><td>Measurement (CBM)</td></tr>
<tr><td colspan="3">Freight and Charges</td><td colspan="5">REGARDING TRANSSHIPMENT INFORMATION PLEASE CONTACT</td></tr>
<tr><td rowspan="2">Ex. Rate</td><td colspan="2">Prepaid at</td><td colspan="2">Payable at</td><td colspan="3">Place and Date of Issue</td></tr>
<tr><td colspan="2">Total Prepaid</td><td colspan="2">No. of Original B(s)/L</td><td colspan="3">Stamp & Signature</td></tr>
</table>

表8-18 出口运输险投保单

中保财产保险有限公司
出口运输险投保单

编号：__________

兹将我处出口物资依照信用证规定拟向你处投保国外运输险计开：

<table>
<tr><td rowspan="2">被保险人</td><td colspan="6">（中文）　过户</td></tr>
<tr><td colspan="6">（英文）</td></tr>
<tr><td>标记及号码</td><td>件数</td><td colspan="4">物资名称</td><td>保险金额</td></tr>
<tr><td></td><td></td><td colspan="4"></td><td></td></tr>
<tr><td>运输工具及转载工具</td><td></td><td colspan="3">约
于　年　月　日起运</td><td>赔款偿付地点</td><td></td></tr>
<tr><td>运输路程</td><td colspan="2">自　经　到</td><td colspan="2">转载地点</td><td colspan="2"></td></tr>
<tr><td colspan="4">投保险别：</td><td colspan="3">投保单位签章

年　月　日</td></tr>
</table>

表 8-19　海洋货物运输保险单

中保财产保险有限公司

PICC PROPERTY　The People's Insurance (Property) Company of China, Ltd.

发票号码
Invoice No.

保险单号次
Policy No.

海 洋 货 物 运 输 保 险 单
MARINE CARGO TRANSPORTATION INSURANCE POLICY

被保险人：
Insured:

中保财产保险有限公司（以下简称本公司）根据被保险人的要求，以及其所缴付约定的保险费，按照本保险单承担险别和背面所载条款与下列特别条款承保下列货物运输保险，特签发本保险单。

This policy of Insurance witnesses that The People's Insurance(Property)Company of China, Ltd.(hereinafter called "The Company"), at the request of the Insured and in consideration of the agreed premium paid by the Insured, undertakes to insure the under mentioned goods in transportation subject to the conditions of this Policy as per the Clauses printed overleaf and other special clauses attached hereon.

保险货物项目 Description of Goods	包装 单位 数量 Packing Unit Quantity	保险金额 Amount Insured

承保险别
Conditions

货物标记
Marks of Goods

总保险金额：
Total Amount Insured:..

保费
Premium.................................

装载运输工具
Per Conveyance S.S...............................

开航日期
Slg. on or Abt..

起运港
From..

目的港
To...

所保货物，如发生本保险单项下可能引起索赔的损失或损坏，应立即通知本公司下述代理人查勘。如有索赔，应向本公司提交保险单正本（本保险单共有______份正本）及有关文件。如一份正本已用于索赔，其余正本则自动失效。

In the event of loss or damage which may result in a claim under this Policy, immediate notice must be given to the Company's Agent as mentioned hereunder. Claims, if any, one of the Original Policy which has been issued in____Original(s) together with the relevant documents shall be surrendered to the Company, If one of the Original Policy has been accomplished, the others to be void.

中保财产保险有限公司
THE PEOPLE'S INSURANCE(PROPERTY) COMPANY OF CHINA, LTD.

赔款偿付地点
Claim Payable at ....

日期
Date...

地址：
Address:

表 8-20　普惠制原产地证书

<table>
<tr><td colspan="3">1.Goods consigned from (Exporter's name, address, country)</td><td colspan="4" rowspan="2">Reference No.
GENERALIZED SYSTEM OF PREFERENCES
CERTIFICATE ORIGIN
(combined declaration and certificate)
FORM A
Issued in **THE PEOPLE'S REPUBLIC OF CHINA**
(COUNTRY)
see notes overleaf</td></tr>
<tr><td colspan="3">2.Goods consigned to (Consignee's name, address, country)</td></tr>
<tr><td colspan="3">3.Means of transport and route (as far as known)</td><td colspan="4">4.For official use</td></tr>
<tr><td>5.Item number</td><td>6.Marks and numbers of packages</td><td colspan="2">7.Numbers and kinds of packages; description of goods</td><td>8.Origin criterion (see notes overleaf)</td><td>9.Gross weight or other quantity</td><td>10.Number and date of invoice</td></tr>
<tr><td colspan="3">11. Certification
It is hereby certified, on the basis of control carried out, that the declaration by the exporter is correct.
……………………………………………
Place and date, signature and stamp of certifying authority</td><td colspan="4">12. Declaration by the exporter
The undersigned hereby declares that the above details and statements are correct; that all the goods were produced in.

(country)
and that they comply with the origin requirements specified for those goods in the generalized system of preferences for goods exported to
……………………………………………
(importing country)
……………………………………………
Place and date, signature and stamp of certifying authority</td></tr>
</table>

表 8-21 汇票

1

凭
Drawn under ....
信用证 第 号
L/C No. ....
日期 年 月 日
Dated ....
按 息 付 款
Payable with interest @ .... *% per annum*
号码 汇票金额 中国. 广州 年 月 日
No. .... **Exchange** *for* *Guangzhou, China* ....
见票 日后（本汇票之副本未付）付
At .... *sight of this* **SECOND** *of Exchange (First of exchange being unpaid)*
pay to the order of .... 或其指定人
金 额
the sum of

此致
To ....
....
....

附录A

本书合同与信用证案例资料

附表 A-1　销售合同范例一

销售合同

SALES CONTRACT

卖方 SELLER:	HUANAN SPORTS SERIES IMP. & EXP. CO., LTD. NO. 332 TIANHEBEI ROAD, GUANGZHOU, CHINA TEL.: 86-020-87556686　FAX: 86-020-87556687	编号 No.:	HS2019CJ06
		日期 Date:	JAN.12, 2019
		地点 Signed at :	GUANGZHOU
买方 BUYER:	THE ATLANTIC TRADING COMPANY NO.845 PACIFIC STREET, SAN FRANCISCO 400235, USA TEL.:011-510-25950996　FAX: 011-510-25950260		

买卖双方同意以下条款达成交易：
This contract is made by and agreed between the BUYER and SELLER, in accordance with the terms and conditions stipulated below.

品名及规格 Commodity & Specification	数量 Quantity	单价及价格条款 Unit Price & Trade Terms	金额 Amount
GIRL'S RUNNING SHOES GIRL'S JACKET	10 000 PAIRS 5 000 PCS	CIF SAN FRANCISCO USD 20.00 USD 18.00	USD 200 000.00 USD 90 000.00
Total			USD 290 000.00

总值 Total Value	SAY U.S. DOLLARS TWO HUNDRED AND NINETY THOUSAND ONLY.
包装 Packing	SHOES　1PAIR/BOX　25 PAIRS/CARTON JACKET　1PC/POLYBAG　50 PCS/CARTON
唛头 Shipping Marks	AS PER SELLER'S OPTION
装运期及运输方式 Time of Shipment & Means of Transportation	NOT LATER THAN MARCH 30, 2019　BY SEA
装运港及目的地 Port of Loading & Port of Destination	FROM: GUANGZHOU, CHINA　TO: SAN FRANCISCO, USA
付款方式 Term of Payment	PAYMENT TO BE MADE BY IRREVOCABLE LETTER OF CREDIT AVAILABLE BY DRAFT AT SIGHT TO REACH THE SELLER 30 DAYS BEFORE TIME OF SHIPMENT AND REMAIN VALID IN CHINA UNTIL THE 21st DAY AFTER THE DATE OF SHIPMENT.
保险 Insurance	TO BE COVERED BY THE SELLER FOR 110% OF FULL INVOICE VALUE AGAINST ALL RISKS AND WAR RISK AS PER CIC CLAUSE.
备注 Remarks	1．PARTIAL SHIPMENT：NOT ALLOWED. 2．TRANSSHIPMENT：NOT ALLOWED.

The Buyer　THE ATLANTIC TRADING COMPANY	The Seller　华南运动用品进出口有限公司
THE ATLANTIC TRADING COMPANY	HUANAN SPORTS SERIES IMP. & EXP. CO., LTD.
JOHN SMITH	LI GANG

附表 A-2　销售合同范例二

SALES CONTRACT

SELLER:	LWZ Import & Export Company 39 Zhongshan Road, Guangzhou(510180), China	No.: Date:	LG051508L1 Mar. 15, 2019
BUYER:	GTC Trading Corporation 123 Sunset Street, New York(F12321), USA	Signed at:	Guangzhou, China

This contract is made by and agreed between the BUYER and SELLER, in accordance with the terms and conditions stipulated below.

Art No.	Commodity & Specification	Quantity	Unit Price & Trade Terms	Amount
L1 H.S. 6109100022	MEN'S T-SHIRT 20 PCS PER CARTON COLOR: BLACK FABRIC CONTENT: 100% COTTON	40 CARTONS	CIF NEW YORK, USA USD 286.00 PER CARTON	USD 11 440.00
Total:				USD11 440.00

Total Value	SAY U.S. DOLLARS ELEVEN THOUSAND FOUR HUNDRED AND FORTY ONLY.
Packing	TO BE PACKED IN CARTONS, 20 PIECES PER CARTON (SIZE: 50CM * 30CM * 60CM PER CARTON)
Shipping Marks	GTC NEW YORK NO. 1-40
Time of Shipment & Means of Transportation	NOT LATER THAN MAY 25, 2019　BY VESSEL
Port of Loading & Destination	FROM : GUANGZHOU, CHINA　TO : NEW YORK, USA
Insurance	FOR 110% CIF INVOICE VALUE COVERING ALL RISKS, INSTITUTE STRIKES, INSTITUTE WAR CLAUSES AS PER CHINA INSURANCE CLAUSES.
Terms of Payment	BY IRREVOCABLE LETTER OF CREDIT TO BE OPENED BY FULL AMOUNT OF S/C, PAYMENT AT SIGHT DOCUMENT TO BE PRESENTED WITHIN 21 DAYS AFTER DATE OF B/L AT BENEFICIARY'S ACCOUNT.
Remarks	1. PARTIAL SHIPMENT: NOT ALLOWED. 2. TRANSSHIPMENT: ALLOWED.

The Buyer　GTC TRADING CORPORATION	The Seller　LWZ IMPORT & EXPORT COMPANY
GTC TRADING CORPORATION	LWZ IMPORT & EXPORT COMPANY
MIKE	HONG LIANG

附表 A-3　信用证范例一

ISSUING BANK: BANK OF AMERICA, SAN FRANCISCO, USA
ADVISING BANK: BANK OF CHINA GUANGZHOU BRANCH
:MT: 700　　ISSUE OF A DOCUMENTARY CREDIT

Sequence of Total	*27 :	1/1
Form of Doc. Credit	*40A :	IRREVOCABLE
Doc. Credit Number	*20 :	2019020658NBA
Date of Issue	31C :	20190128
Expiry	31D :	20190420 CHINA
Applicant	*50 :	THE ATLANTIC TRADING COMPANY NO.845 PACIFIC STREET, SAN FRANCISCO 400235, USA
Beneficiary	*59 :	HUANAN SPORTS SERIES IMP. & EXP. CO., LTD. NO.332 TIANHEBEI ROAD, GUANGZHOU, CHINA
Amount	*32B :	CURRENCY USD AMOUNT 290 000.00
Available with/ by	*41D :	ANY BANK BY NEGOTIATION
Drafts at …	42C :	AT SIGHT
Drawee	42D :	L/C ISSUING BANK
Partial Shipment	3P :	NOT ALLOWED
Transshipment	43T :	NOT ALLOWED
Port of Loading	44E :	GUANGZHOU, CHINA
Port of Discharge	44B :	SAN FRANCISCO, USA
Descript. of Goods	45A :	

GIRL'S RUNNING SHOES 10 000 PAIRS, AND GIRL'S JACKET 5 000 PCS, AS PER S/C NO. HS2019CJ06 CIF SAN FRANCISCO

Documents Required　　46A :

+ SIGNED COMMERCIAL INVOICE IN 3 COPIES INDICATING CONTRACT NUMBER AND L/C NUMBER.
+ FULL SET (3/3) OF ORIGINAL CLEAN ON BOARD OCEAN BILLS OF LADING, MADE OUT TO ORDER AND BLANK ENDORSED, MARKED "FREIGHT PREPAID", NOTIFY APPLICANT.
+ INSURANCE POLICY COVERING 110% OF FULL INVOICE VALUE, AGAINST ALL RISKS AND WAR RISK AS PER CIC CLAUSE, ENDORSED IN BLANK.
+ PACKING LIST IN TRIPLICATE INDICATING THE MEASUREMENTS.
+ORIGNIAL CERTIFICATE OF ORIGIN PLUS ONE COPY ISSUED BY CHAMBER OF COMMERCE.
+ONE COPY OF SHIPPING ADVICE.
+ONE COPY OF CERTIFICATE OF QUALITY ISSUED BY A QUALIFIED INDEPENDENT SURVEYOR AT LOADING PORT.
+BENEFICIARY'S CERTIFICATE CERTIFYING THAT EACH COPY OF SHIPPING DOCUMENTS HAS BEEN FAXED TO THE APPLICANT WITHIN 48 HOURS AFTER SHIPMENT.

Additional Cond.　　47A :

续表

+ALL DOCUMENTS PRESENTED MUST BE MARKED DRAWN UNDER L/C NO. 2019020658NBA. +SHIPPING MARKS MUST BE SHOWN ON ALL DOCUMENTS. +DOCUMENTS ISSUED EARLIER THAN THE OPENING DATE OF LETTER OF CREDIT SHOULD NOT BE ACCEPTABLE.		
Details of Charges	71B :	ALL OVERSEAS BANKS CHARGES ARE FOR BENEFICIARY'ACCOUNT
Presentation Period	48 :	21 DAYS FROM SHIPMENT DATE
Confirmation Instructions	*49 :	WITHOUT
Instruction To Bank	78 :	
USD 65(OR EQUIV) WILL BE DEDUCTED AT PAYMENT FOR EACH PRESENTATION OF DISCREPANT DOC.THIS CHARGE IS FOR ACCOUNT OF BENEFICIARY. DOCUMENTS TO BE SENT BY EXPRESS COURIER IN 2 SETS WE SHALL REMIT PROCEEDS UPON RECEIPT OF COMPLIANT DOCS AT OUR COUNTERS. THE PRESENT CREDIT IS SUBJECT TO UCP FOR DOCUMENTARY CREDIT 2007 REVISION ICC PUBLICATION 600.		

附表 A-4　信用证范例二

<table>
<tr><td colspan="3">THE ROYAL BANK OF AMERICA
BRITISH COLUMBIA INTERNATION CENTRE
1055 WEST GEORGIA STREET, NEW YORK, USA</td></tr>
<tr><td colspan="2">□CONFIRMATION OF TELEX/CABLE PER-ADVISED
TELEX NO. 4720688 FR</td><td>DATE: MAR. 22, 2019
PLACE: NEW YORK</td></tr>
<tr><td>IRREVOCABLE DOCUMENTARY CREDIT</td><td>CREDIT NUMBER: 01/0501-FCT</td><td>ADVISING BANK'S REF. NO.</td></tr>
<tr><td>ADVISING BANK:
BANK OF CHINA GUANGZHOU BRANCH
197 DONGFENG WEST ROAD,
GUANGZHOU, CHINA</td><td colspan="2">APPLICANT:
GTC TRADING CORPORATION
123 SUNSET STREET, NEW YORK(F12321), USA</td></tr>
<tr><td>BENEFICIARY:
LWZ IMPORT & EXPORT COMPANY
39 ZHONGSHAN ROAD, GUANGZHOU (510180), CHINA</td><td colspan="2">AMOUNT:
USD 11 440.00
(U.S. DOLLARS ELEVEN THOUSAND FOUR HUNDRED AND FORTY ONLY)</td></tr>
<tr><td>EXPIRY DATE: JUNE 15, 2019</td><td colspan="2">FOR NEGOTIATION IN BENEFICIARY COUNTRY</td></tr>
<tr><td colspan="3">GENTLEMEN:
WE HEREBY OPEN OUR IRREVOCABLE LETTER OF CREDIT IN YOUR FAVOR WHICH IS AVAILABLE BY YOUR DRAFTS AT SIGHT FOR FULL INVOICE VALUE ON US ACCOMPANIED BY THE FOLLOWING DOCUMENTS:
+ SIGNED COMMERCIAL INVOICE IN 3 COPIES.
+ PACKING LIST IN 3 COPIES, SHOWING THE INDIVIDUAL WEIGHT AND MEASUREMENT OF EACH ITEM.
+ ORIGINAL CERTIFICATE OF ORIGIN AND 3 COPIES ISSUED BY THE CHAMBER OF COMMERCE.
+ FULL SET CLEAN ON BOARD OCEAN BILLS OF LADING MARKED “FREIGHT PREPAID” CONSIGNED TO ORDER OF THE ROYAL BANK OF AMERICA INDICATING THE ACTUAL DATE OF THE GOODS ON BOARD AND NOTIFY THE APPLICANT WITH FULL ADDRESS AND PHONE NO..
+ INSURANCE POLICY OR CERTIFICATE FOR 110 PERCENT CIF OF INVOICE VALUE COVERING: ALL RISKS，INSTITUTE STRIKES，INSTITUTE WAR CLAUSES AS PER CHINA INSURANCE CLAUSES.
+ ONE COPY OF CERTIFICATE OF QUALITY ISSUED BY A QUALIFIED INDEPENDENT SURVEYOR AT LOADING PORT.
+ BENEFICIARY’S CERTIFICATE CERTIFYING THAT EACH COPY OF SHIPPING DOCUMENTS HAS BEEN FAXED TO THE APPLICANT WITHIN 48 HOURS AFTER SHIPMENT.
COVERING SHIPMENT PF:
L1 40 CARTONS MEN’S T-SHIRT 20 PCS PER CARTON
COLOR: BLACK FABRIC CONTENT: 100% COTTON
DETAILS IN ACCORDANCE WITH SALES CONTRACT LG051508L1 DATED MAR. 15, 2019.
[ ]FOB / [ ]CFR / [X] CIF/ [ ]FAX NEW YORK, USA.</td></tr>
</table>

续表

SHIPMENT FROM GUANGZHOU	TO NEW YORK	LATEST MAY 25, 2019	PARTIAL SHIPMENT NOT ALLOWED	TRANSSHIPMENT ALLOWED
DRAFTS TO BE PRESENTED FOR NEGOTIATION WITHIN 21 DAYS FROM BILL OF LADING DATE, BUT WITHIN THE VALIDITY OF CREDIT. ALL DOCUMENTS TO BE FORWARDED IN ONE COVER, BY AIRMAIL, UNLESS OTHERWISE STATED UNDER SPECIAL INSTRUCTION.				

SPECIAL INSTRUCTION: ALL BANKING CHARGES OUTSIDE AMERICA ARE FOR ACCOUNT OF BENEFICIARY.

\+ ALL GOODS MUST BE SHIPPED IN ONE 20'CY TO CY CONTAINER AND B/L SHOWING THE SAME.

\+ THE VALUE OF FREIGHT PREPAID HAS TO BE SHOWN ON BILLS OF LADING.

\+ DOCUMENTS WHICH FAIL TO COMPLY WITH THE TERMS AND CONDITIONS IN THE LETTER OF CREDIT SUBJECT TO A SPECIAL DISCREPANCY HANDLING FEE OF US$35.00 TO BE DEDUCTED FROM ANY PROCEEDS.

DRAFT MUST BE MARKED AS BEING DRAWN UNDER THIS CREDIT AND BEAR ITS NUMBER; THE AMOUNTS ARE TO BE ENDORSED ON THE REVERSE HERE OF BY NEG. BANK. WE HEREBY AGREE WITH THE DRAWERS, ENDORSERS AND FIDE HOLDER THAT ALL DRAFTS DRAWN UNDER AND IN COMPLIANCE WITH THE TERMS OF THIS CREDIT SHALL BE DULY HONORED UPON PRESENTATION.

THIS CREDIT IS ISSUED SUBJECT TO UCP 600.

Yours Very Truly,

David Jone
AUTHORIZED SIGNATURE

Joanne Hsan
AUTHORIZED SIGNATURE

附录 B

报关自动化各类代码表摘录

附表 B-1　关区代码表

代　码	名　称	代　码	名　称	代　码	名　称
0100	北京关区	2200	上海海关	2300	南京海关
0119	天津关区	0201	天津海关	3101	宁波海关
5100	广州海关	6401	海口海关	8001	重庆海关
5110	南海海关	5302	罗湖海关	7202	北海海关

附表 B-2　运输方式代码表

运输方式代码	运输方式名称	运输方式代码	运输方式名称
0	非保税区	6	邮件运输
1	监管仓库	7	保税区
2	江海运输	8	保税仓库
3	铁路运输	9	其他运输
4	汽车运输	W	物流中心
5	航空运输	Z	出口加工

附表 B-3　贸易方式代码表

贸易方式代码	贸易方式简称	具体贸易方式
110	一般贸易	一般贸易
130	易货贸易	易货贸易
139	旅游购物商品	用于旅游者五万美元以下的出口小批量订货
200	料件放弃	主动放弃交由海关处理的来料或进料加工料件
214	来料加工	来料加工装配贸易进口料件及加工出口货物
245	来料料件内销	来料加工料件转内销
255	来料深加工	来料深加工结转货物
258	来料余料结转	来料加工余料结转
265	来料料件复出	来料加工复运出境的原进口料件
300	来料料件退换	来料加工料件退换

附表 B-4　征免性质代码表

征免性质代码	征免性质简称	征免性质全称
101	一般征税	一般征税进出口货物
201	无偿援助	无偿援助进出口物资
299	其他法定	其他法定减免税进出口货物
301	特定区域	特定区域进口自用物资及出口货物
307	保税区	保税区进口自用物资
418	国产化	国家定点生产小轿车和摄录机企业进口散件
501	加工设备	加工贸易外商提供的不作价进口设备
502	来料加工	来料加工装配和补偿贸易进口料件及出口成品
503	进料加工	进料加工贸易进口料件及出口成品

附表 B-5　结汇方式代码表

结汇方式代码	结汇方式名称	结汇方式代码	结汇方式名称
1	信汇	6	信用证
2	电汇	7	先出后结
3	票汇	8	先结后出
4	付款交单	9	其他
5	承兑交单		

附表 B-6　国别（地区）代码表

国别(地区)代码	国别（地区）中文简称	国别（地区）英文简称	优惠标记	国别(地区)代码	国别（地区）中文简称	国别（地区）英文简称	优惠标记
110	中国香港	Hong Kong	L	111	印度	India	L
116	日本	Japan	L	117	约旦	Jordan	L
132	新加坡	Singapore	L	133	韩国	Korea Rep.	L
141	越南	Vietnam	L	142	中国	China	
302	丹麦	Denmark	L	303	英国	United Kingdom	L
304	德国	Germany	L	305	法国	France	L
306	爱尔兰	Ireland	L	307	意大利	Italy	L

附表 B-7　港口航线代码表

港口代码	港口中文名	港口代码	港口中文名
2052	伦敦	1303	大阪
1477	新加坡	1067	新德里
1480	釜山	1754	开普敦
1039	中国香港	1589	亚历山大港
1891	波士顿	1789	布鲁塞尔

附表 B-8 成交方式代码表

成交方式代码	成交方式名称	成交方式代码	成交方式名称
1	CIF	4	C&I
2	C&F	5	市场价
3	FOB	6	垫仓

附表 B-9 货币代码表

币制代码	币制符号	币制名称	币制代码	币制符号	币制名称
110	HKD	港币	303	GBP	英镑
116	JPY	日本元	330	SEK	瑞典克朗
121	MOP	澳门元	331	CHF	瑞士法郎
132	SGD	新加坡元	501	CAD	加拿大元
142	CNY	人民币	502	USD	美元
300	EUR	欧元	601	AUD	澳大利亚元

附表 B-10 征减免税方式代码表

征减免税方式代码	征减免税方式名称	征减免税方式代码	征减免税方式名称
1	照章征税	6	保证金
2	折半征税	7	保函
3	全免	8	折半补税
4	特案	9	全额退税
5	征免性质		

附录 C

全套空白单证

附表 C-1　商业发票

<table>
<tr><td colspan="2">Issuer:</td><td colspan="3">商业发票
COMMERCIAL INVOICE</td></tr>
<tr><td colspan="2">To:</td><td>Invoice No.</td><td colspan="2">Date</td></tr>
<tr><td colspan="2">Transport Details:</td><td>S/C No.</td><td colspan="2">L/C No.</td></tr>
<tr><td>Marks and Nos.</td><td>Description of Goods</td><td>Quantity</td><td>Unit Price</td><td>Amount</td></tr>
<tr><td></td><td></td><td></td><td></td><td></td></tr>
</table>

TOTAL VALUE IN WORDS:

附表 C-2 装箱单

<table>
<tr><td colspan="3">Issuer:</td><td colspan="4">装 箱 单
PACKING LIST</td></tr>
<tr><td colspan="3" rowspan="2">To:</td><td colspan="2">Invoice No.</td><td colspan="2">Date</td></tr>
<tr><td colspan="2">S/C No.</td><td colspan="2">L/C No.</td></tr>
<tr><td>Marks & Numbers</td><td>C/No.</td><td>Numbers and Kinds of Packages; Description of Goods</td><td>Quantity</td><td>G. W. (KGS)</td><td>N.W. (KGS)</td><td>MEAS. (CBM)</td></tr>
<tr><td></td><td></td><td></td><td></td><td></td><td></td><td></td></tr>
<tr><td>Total</td><td></td><td></td><td></td><td></td><td></td><td></td></tr>
</table>

TOTAL PACKAGES IN WORDS:

附表 C-3　一般原产地证书

1.Exporter	Certificate No. **CERTIFICATE OF ORIGIN** **OF** **THE PEOPLE'S REPUBLIC OF CHINA**
2.Consignee	
3.Means of transport and route	5.For certifying authority use only
4.Country/Region of destination	

6.Marks and numbers	7.Numbers and kinds of packages; description of goods	8.H.S. code	9.Quantity or weight	10.Number and date of invoice

11.Declaration by the exporter The undersigned hereby declares that the above details and statements are correct; that all the goods were produced in China and that they comply with the Rules of Origin of the People's Republic of China. …………………………………………………………… Place and date, signature and stamp of certifying authority	12.Certification It is hereby certified that the declaration by the exporter is correct. …………………………………………………… Place and date, signature and stamp of certifying authority

附表 C-4 普惠制原产地证书

<table>
<tr><td colspan="3">1.Goods consigned from (Exporter's name, address, country)</td><td colspan="3" rowspan="2">Reference No.
GENERALIZED SYSTEM OF PREFERENCES CERTIFICATE ORIGIN
(combined declaration and certificate)
FORM A
Issued in **THE PEOPLE'S REPUBLIC OF CHINA**
(COUNTRY)
see notes overleaf</td></tr>
<tr><td colspan="3">2.Goods consigned to (Consignee's name, address, country)</td></tr>
<tr><td colspan="3">3.Means of transport and route (as far as known)</td><td colspan="3">4.For official use</td></tr>
<tr><td>5.Item number</td><td>6.Marks and numbers of packages</td><td>7.Numbers and kinds of packages; description of goods</td><td>8.Origin criterion (see notes overleaf)</td><td>9.Gross weight or other quantity</td><td>10.Number and date of invoice</td></tr>
<tr><td colspan="3">11. Certification
It is hereby certified, on the basis of control carried out, that the declaration by the exporter is correct.

……………………………………………
Place and date, signature and stamp of certifying authority</td><td colspan="3">12. Declaration by the exporter
The undersigned hereby declares that the above details and statements are correct; that all the goods were produced in
----
(country)
and that they comply with the origin requirements specified for those goods in the generalized system of preferences for goods exported to
……………………………………………
(importing country)

……………………………………………
Place and date, signature and stamp of certifying authority</td></tr>
</table>

附表 C-5 出口货物托运单

中国外运广州公司

出口货物托运单

提单编号________________ 托运日期__________________ 托运单位编号__________________

合约编号______________________

船名 ___________________ 船期______________________ 运往地点______________________

托运人____

收货人____

通知人____

<table>
<tr><th rowspan="2">标记及号码</th><th rowspan="2">件数</th><th rowspan="2">货名</th><th colspan="2">重量（千克）</th><th rowspan="2">容积（吨）</th></tr>
<tr><th>净重</th><th>毛重</th></tr>
<tr><td></td><td></td><td></td><td></td><td></td><td></td></tr>
<tr><td colspan="3">合计：</td><td colspan="3">共重：</td></tr>
<tr><td>特约事项</td><td colspan="5"></td></tr>
<tr><td>可否转船</td><td colspan="2"></td><td colspan="3">（托运人盖章）</td></tr>
<tr><td>可否分批</td><td colspan="2"></td><td colspan="3">需要提单正本 份 副本 份</td></tr>
<tr><td>货物堆存地点</td><td></td><td>装船期限</td><td></td><td>结汇期限</td><td></td></tr>
<tr><td>运费交付方式</td><td colspan="2"></td><td>运费账单开送</td><td colspan="2"></td></tr>
<tr><td>信用证号码</td><td colspan="2"></td><td>货价</td><td colspan="2"></td></tr>
<tr><td>运往香港船名</td><td colspan="2"></td><td>实际装船日期</td><td colspan="2"></td></tr>
<tr><td colspan="2">运费吨：</td><td colspan="2">运费率：</td><td colspan="2">运费金额：</td></tr>
</table>

附表 C-6　出境货物报检单

中华人民共和国出入境检验检疫
出境货物报检单

报检单位（加盖公章）：　　　　　　　　　　　　*编号________________

报检单位登记号：　　　　联系人：　　　　电话：　　　　*报检日期：

发货人	（中文）	
	（外文）	
收货人	（中文）	
	（外文）	

货物名称（中/外文）	H.S.编码	产地	数/重量	货物总值	包装种类及数量

运输工具名称号码		贸易方式		货物存放地点	
合同号		信用证号		用途	
发货日期		输往国家（地区）		许可证/审批号	
起运地		到达口岸		生产单位注册号	
集装箱规格、数量及号码					

合同订立的检验检疫条款或特殊要求	标记及号码	随附单证（画“√”或补填）	
		□合同 □信用证 □发票 □换证凭单 □装箱单 □厂检单	□包装性能结果单 □许可/审批文件

需要证单名称（画“√”或补填）		*检验检疫费	
□品质证书　__正__副 □重量证书　__正__副 □数量证书　__正__副 □兽医卫生证书　__正__副 □健康证书　__正__副 □卫生证书　__正__副 □动物卫生证书　__正__副	□植物检疫证书　__正__副 □熏蒸/消毒证书　__正__副 □出境货物换证凭单 □出境货物通关单 □ □ □	总金额（人民币元）	
		计费人	
		收费人	

报检人郑重声明：	领取证单	
1．本人被授权报检。 2．上列填写内容正确属实，货物无伪造或冒用他人的厂名、标志、认证标志，并承担货物质量责任。 签名：	日期	
	签名	

注：有“*”栏由出入境检验检疫机关填写　　◆国家出入境检验检疫局制　[1-2（2000.1.1）]

附表 C-7 出口货物报关单

中华人民共和国海关出口货物报关单

预录入编号： * 海关编号：

出口口岸	备案号	出口日期		申报日期
经营单位	运输方式	运输工具名称		提运单号
发货单位	贸易方式	征免性质		结汇方式
许可证号	运抵国（地区）	指运港		境内货源地
批准文号	成交方式	运费	保费	杂费
合同协议号	件数	包装种类	毛重（公斤）	净重（公斤）
集装箱号	随附单证		生产厂家	
标记唛码及备注				
项号　商品编号　商品名称、规格型号　数量及单位　最终目的国（地区）　单价　总价　币制　征免				
*税费征收情况				
录入员　录入单位	兹声明以上申报无讹并承担法律责任		* 海关审单批注及放行日期 （签章）	
报关员	申报单位（签章）		审单　审价	
单位地址 邮编	电话	填制日期	征税　统计	
			查验　放行	

附表 C-8　出口运输险投保单

中国人民保险公司上海分公司

出口运输险投保单

编号：____________

兹将我处出口物资依照信用证规定拟向你处投保国外运输险计开：

<table>
<tr><td rowspan="2">被保险人</td><td colspan="6">（中文）　　　　　　　　　　　　　　　　过户</td></tr>
<tr><td colspan="6">（英文）</td></tr>
<tr><td colspan="2">标记及号码</td><td>件数</td><td colspan="3">物资名称</td><td>保险金额</td></tr>
<tr><td colspan="2"></td><td></td><td colspan="3"></td><td></td></tr>
<tr><td>运输工具
及转载工具</td><td colspan="2"></td><td colspan="2">约
于　　年　　月　　日起运</td><td>赔款偿
付地点</td><td></td></tr>
<tr><td>运输路程</td><td colspan="3">自　　　　经　　　　到</td><td>转载
地点</td><td colspan="2"></td></tr>
<tr><td colspan="4">投保险别：</td><td colspan="3">投保单位签章

年　　月　　日</td></tr>
</table>

附表 C-9 货物运输保险单

北京 2008 年奥运会保险合作伙伴
OFFICIAL INSURANCE PARTNER OF THE BEIJING 2008 OLYMPIC GAMES

货物运输保险单

CARGO TRANSPORTATION INSURANCE POLICY

总公司设于北京　　一九四九年创立

Head Office Beijing　　Established in 1949

发票号（INVOICE NO.）　　保单号次

合同号（CONTRACT NO.）　　POLICY NO.

信用证号（L/C NO.）：

被保险人（INSURED）：

中国人民财产保险股份有限公司（以下简称本公司）根据被保险人的要求，由被保险人向本公司缴付约定的保险费，按照本保险单承保险别和背面所载条款与下列特款承保下述货物运输保险，特立本保险单。

THIS POLICY OF INSURANCE WITNESSES THAT PICC PROPERTY AND CASUALTY COMPANY LIMITED (HEREINAFTER CALLED "THE COMPANY"), AT THE REQUEST OF THE INSURED AND IN CONSIDERATION OF THE AGREED PREMIUM PAID TO THE COMPANY BY THE INSURED, UNDERTAKES TO INSURE THE UNDERMENTIONED GOODS IN TRANSPORTATION SUBJECT TO THE CONDITIONS OF THIS OF THIS POLICY AS PER THE CLAUSES PRINTED OVERLEAF AND OTHER SPECIAL CLAUSES ATTACHED HEREON.

标 记 MARKS&NOS.	包装及数量 QUANTITY	保险货物项目 DESCRIPTION OF GOODS	保险金额 AMOUNT INSURED

总保险金额 TOTAL AMOUNT INSURED: ____________________

保费：　　起运日期 ：　　装载运输工具：

PREMIUM : AS ARRANGED DATE OF COMMENCEMENT: ____________ PER CONVEYANCE: __________

自　　经　　至

FROM:　　VIA　　TO

承保险别：

CONDITIONS:

所保货物，如发生保险单项下可能引起索赔的损失或损坏，应立即通知本公司下述代理人查勘。如有索赔，应向本公司提交保单正本（本保险单共有____份正本）及有关文件。如一份正本已用于索赔，其余正本自动失效。

IN THE EVENT OF LOSS OR DAMAGE WITCH MAY RESULT IN A CLAIM UNDER THIS POLICY,IMMEDIATE NOTICE MUST BE GIVEN TO THE COMPANY'S AGENT AS MENTIONED HEREUNDER.CLAIMS, IF ANY, ONE OF THE ORIGINAL POLICY WHICH HAS BEEN ISSUED IN____ORIGINAL(S) TOGETHER WITH THE RELEVENT DOCUMENTS SHALL BE SURRENDERED TO THE COMPANY. IF ONE OF THE ORIGINAL POLICY HAS BEEN ACCOMPLISHED, THE OTHERS TO BE VOID.

中国人民财产保险股份有限公司广州市分公司

PICC Property and Casualty Company Limited, Guangzhou

赔款偿付地点

CLAIM PAYABLE AT____________________

出单日期

ISSUING DATE______________

附表 C-10　提单

Shipper Insert Name, Address and Phone	B/L No.
Consignee Insert Name, Address and Phone	中远集装箱运输有限公司 COSCO CONTAINER LINES
Notify Party Insert Name, Address and Phone (It is agreed that no responsibility shall attach to the Carrier or his agents for failure to notify)	Port-to-Port or Combined Transport **BILL OF LADING**

Combined Transport * Pre-carriage by	Combined Transport * Place of Receipt
Ocean Vessel Voy. No.	Port of Loading
Port of Discharge	Combined Transport * Place of Delivery

RECEIVED in external apparent good order and condition except as other wise noted. The total number of packages or units stuffed in the container, the description of the goods and the weights shown in this Bill of Loading are furnished by the Merchants, and which the carrier has no reasonable means of checking and is not a part of this Bill of Loading contract. The carrier has issued the number of Bills of Lading stated below, all of this tenor and date, one of the original Bills of Lading must be surrendered and endorsed or signed against the delivery of the shipment and whereupon any other original Bills of Lading shall be void. The Merchants agree to be bound by the terms and conditions of this Bill of Lading as if each had personally signed this Bill of Lading.

SEE clause 4 on the back of this Bill of Lading (Terms continued on the back hereof, please read carefully)

*Applicable Only When Document Used as a Combined Transport Bill of Lading.

Particulars Furnished

Marks & Nos. Container/Seal No.	No. of Containers or Packages	Description of Goods (If Dangerous Goods, See Clause 20)	Gross Weight (KGS)	Measurement (CBM)
		Description of Contents for Shipper's Use Only (Not Part of This B/L Contract)		
Total Number of Containers and/or Packages (In Words)				

Freight & Charges	Revenue Tons	Rate	Per	Prepaid	Collect

Ex. Rate:	Prepaid at	Payable at	Place and Date of Issue
	Total Prepaid	No. of Original B(s)/L	Signed for the Carrier: COSCO CONTAINER LINES

LADEN ON BOARD THE VESSEL
DATE: BY

CNS01 0108895

附表 C-11　装运通知

装运通知

Shipping Note

<table>
<tr><td colspan="2" rowspan="2">1 出口商 Exporter</td><td colspan="2">4 发票号 Invoice No.</td></tr>
<tr><td>5 合同号 Contract No.</td><td>6 信用证号 L/C No.</td></tr>
<tr><td colspan="2" rowspan="2">2 进口商 Importer</td><td colspan="2">7 运输单证号 Transport Document No.</td></tr>
<tr><td colspan="2">8 价值 Value</td></tr>
<tr><td colspan="2">3 运输事项 Transport Details</td><td colspan="2">9 装运口岸和日期 Port and Date of Shipment</td></tr>
<tr><td>10 运输标志和集装箱号
Shipping Marks; Container No.</td><td colspan="3">11 包装类型及件数；商品名称或编码；商品描述
Number and Kind of Packages; Commodity No.; Commodity Description</td></tr>
<tr><td colspan="4"></td></tr>
<tr><td colspan="2"></td><td colspan="2">12 出口商签章
Exporter Stamp and Signature</td></tr>
</table>

附表 C-12 汇票

1

凭

Drawn under ....

信用证　　　　　　　　　第　　　　　　　号

L/C　No. ....

日期　　　　　　　　　　年　　　月　　　日

Dated ....

按　　　　　　息　　　　　　　　　　付　款

Payable with interest @ ....*% per annum*

号码　　　　　　汇票金额　　　　　　中国. 广州　　年　月　日

No.........**Exchange** *for*　　　　　　　　*Guangzhou,China* ....

见票　　　　　　　　　　　　　　　　日后（本汇票之副本未付）付

At ....*sight of this* **SECOND***of Exchange* (*First of exchange being unpaid*)

pay to the order of ....或其指定人

金　额

the sum of

此致

To ....

....

....

参考文献

[1] 全国国际商务单证专业培训考试办公室．国际商务单证理论与实务[M]．北京：中国商务出版社，2009．

[2] 陆梦清，崔瑾．外贸单证实务学习指导与训练[M]．北京：高等教育出版社，2007．

[3] 孙继红，瞿启平．国际贸易单证实务[M]．北京：清华大学出版社，2009．

[4] 罗农．进出口贸易实训及案例分析[M]．北京：中国人民大学出版社，2006．

[5] 海关总署公告 2008 年第 52 号关于再次修订《中华人民共和国海关进出口货物报关单填制规范》．中国海关律师网．

[6] 世贸人才网：http://www.wtojob.com/.

[7] 福步外贸论坛：http://bbs.fobshanghai.com/.